MINERVA 歴史・文化ライブラリー 14

「やまとごころ」とは何か

日本文化の深層

田中英道 著

ミネルヴァ書房

はしがき――日本文化の深層の解明

『万葉集』の歌は、現代のテレビや新聞で毎日のように引用され、解説されて一般の人々に常日頃、接するようになっている。一三〇〇年も前の歌詩がこのように詠まれていること自体、世界でも全く稀なことであるが、意外にこのこと自体の意味があまり気づかれている気配がない。現代ではわからなくなった「古代」の異なった文学世界についての紹介ではなく、そのまま鑑賞され解釈されているのである。かつては国学者、「古代」浪漫主義者、「古代」文学史家の研究対象であった世界が、いつのまにか普通の「現代」人の共有物になっている。「アララギ派」の歌人だけでなく、「昭和万葉集」とか最近では「平成万葉集」といった『万葉集』を真似た「現代」人の歌集にまで広がりを見せている。宮中での「歌会はじめ」が今日まで続けられているのが、その元はこれら「古代」の歌である。それは単に「古典」文学が一般に流布された、という喜ばしい情況であるという以上の意味をもっているのである。

つまりそこには、「近代」と「古代」の壁を越えた日本人の生の連続性があることの再認識があるのである。これは何気ないことに見えて、「古代」「中世」「近代」と続く「近代進歩史観」を否定していることに通じるのである。つまりヘーゲルにより確立され、マルクスや多くの「近代」主義者の歴史理論を崩壊させるだけでなく、現今はやりの「ポスト・モダン」の言説までも無効にする事態でもあるのだ。このように多くの歴史学者の持っている「古代」という言葉によって思考される歴史観に対する挑戦である。この書が単に「古き時代」と呼ぶのも、手垢のついた「古代」という言葉を否定する所以である。

かつては本居宣長が「上代《かみつよ》の清らかなる正美《まこと》」と呼び、この時代を理想化した。そして昭和になって「古代」浪漫主義者、保田與重郎ら（かの折口信夫も入るであろう）は「古代」を賛美し、「近代」と異なることを強調し、断絶を図ろうとした。保田の場合は、「近代」否定のために、折口の場合は、「古代人」の神秘化のために。しかし彼らはこの時代を称賛する意味において、われわれと意見を異にしているわけではない。問題なのは、「古代」という言葉を使って、一般読者の『万葉集』への理解を、拒もうとする勢力のあることである。西洋の「近代史観」を丸のみする歴史家や、マルクス主義歴史家たちの、「古代」を不明の時代とするか、発達の低い段階の状態とし、そこに文化があったとしても中国・朝鮮の文化を模倣している底の浅いものだ、とする歴史家たちがいることである。

『万葉集』の世界の人々がいかに「近代」のわれわれに心情的においてばかりでなく、その信仰の問題、宗教の問題、あるいは政治、経済の問題において共通するものがあるか、ここでもう一度確認することは、それを喜ぶ以上に、現在必要なことである。大伴家持について述べた本書の第十章でも語ることになるが、ここでもその父の大伴旅人の歌を引いておこう。

賢《さか》しみと　物言ふよりは　酒飲みて　酔ひ泣きするし　まさりたるらし　（巻三、三四一）

（賢ぶって物を言うよりは、酒を飲んで酔い泣きするほうが勝っているらしい）

この歌は、当時から「近代」学者・評論家の態度を批判しているようで、面白い。次の歌になると、さらにきびしい。

あな醜《みにく》　賢しらをすと　酒飲まぬ　人よく見ば　猿にかも似む　（巻三、三四四）
（ああ醜いことだ。賢ぶって酒を飲まない人をよく見ると、猿に似ているよ）

理屈より人生を楽しめばいいのだ、と言っているのである。
「古代」の人だからさぞ信心深いと思う人も多いだろうが、現世謳歌は古今変わりはない。

今の世にし　楽しくあらば　来む世には　虫にも鳥にも　吾れはなりなむ　（巻三、三四八）
（今の世で楽しくさえあるならば、来世は虫にでも鳥にでも自分はなろう）

「近代」しか存在しないと言われてきた「孤独」も、『万葉集』では縦横に歌われる。

うらうらに　照れる春日《はるひ》に　ひばり上がり　情悲《こころ》しも　独し思へば　（巻一九、四二九二）
（のどかな春の日差しのなかで、ひばりが空に舞い上がる。そんな風景なのに私は心悲しい。独り物思いをしていると）

こののどかな春の日に単純に反能せず、原因のないアンニュイの精神が示されるのである。その家持が「海行かば」を歌っていることは第十章で扱っているが、ここでは犬養宿禰岡麻呂《いぬかいすくねおかまろ》という人の国家観を歌った和歌を引用しよう。

御民我《みたみわれ》　生けるしるしあり　天地《あまつち》の　栄ゆる時に　遇へらく思へば　（巻六、九九六）

（日本の国民である私は、ほんとうに生き甲斐があります。天皇の御稜威《みいつ》輝き、国家が栄える時世にめぐり合えたことを思うと）

そう歌っているのだ。

「近代」が常に権力批判の理論が蔓延し、社会は常に混乱していると思わされているが、この歌などは戦後、世界経済大国二位の日本の元で生まれ育った我々が、素直にその栄華を歌っているのと同じだ、と考えても決して間違いではないのである。それが昭和天皇の下で実現した、と考えれば、現代の歌にもなる。現代人がその素直さを喪失しているだけのことである。「あおによし　奈良の都は　咲く花の薫ふがごとく　今さかりなり」（巻三、三二八）という有名な歌も、この世を楽しむ率直さが歌になっているのである。そこにはこの時代の栄えていることをはっきりと認識出来る、相対的な歴史観もあることもわかる。

この時代が仏教伝来の時代で、仏寺が数多く建立されたこともよく知られているが、今日の人々と同じで、そうした信仰を歌うことなどしない。それは人が人生の困難に出会うとき、静かに対応することだ、ということも「万葉」の人々は知っているのだ。「個人宗教」については歌わず、「共同宗教」の神道については歌うという原則をもっている。仏教を表す和歌がほとんどないのもそのことを示している。

この小著は縄文時代から天平時代までの日本人の死生観や宗教観を分析しながら、日本人の深層を探ったものである。それは『万葉集』の世界が、現在でも通じることを前提にしているのである。むろん、人口も国家の規模も異なる。しかし天皇が今日まで続いていることに象徴されるように、この時代の日本人の在り方は、今日の我々の在り方でもある。この書は「やまとごころ」の復活を目指すものではない。すでに我々がもっている「やまとごころ」を意識化することを促す書に過ぎないのである。

「やまとごころ」とは何か——日本文化の深層　目次

目次

目次

第Ⅱ部　古き時代の日本像

序章　日本人の「やまとごころ」

1　「やまと」とは何か

「と」の読みかた

「やまとごころ」という言葉が日本人にとって重要な内容をもっていることは、この言葉が日本人の精神を具体的にあらわしていることからも頷ける。日本人にとって最も大切な言葉のひとつに違いない。「やまと」という言葉は、「大和」国家が成立しているときに、人口に膾炙していたに違いないのだが、それ以前の「倭」もまた「やまと」と呼ばれていたのであり、「やまと」の名称はさらに古く、深いものであることは確かだ。「やまとごころ」が「漢心《からごころ》」に対する、日本精神を表す言葉であることもよく知られている。江戸時代の国学者本居宣長が、それを意識し、

しき島の　やまとごゝろを　人とはゞ　朝日にゝほふ　山ざくら花

と歌ったことは有名だ。

しかしこの重大な「やまと」という言葉が意外にも、意味が定まっていないのが不思議である。まず

「やまと」の「やま」が「山」であることを人々は知っているだろうか。「やまと」が「山」に関係することは、古来からの説明で動かないことであるが、しかしこの「山」とはどんな山のことであろうか。本居宣長も「やまと」についてその「國號考」で、師の契沖の『万葉考』の説を承認して「山処」である、と述べている（『本居宣長全集』第八巻、筑摩書房、一九七二年）。

さて、契沖―宣長説では「やまと」の「と」は、単に「処」＝「ところ」という意味である、と言う。ところが古来の説はそれと違う。『日本書紀』によると、これは「跡」だという。「処」と「跡」とは大差がないように見えるが、いずれも「やまと」の「と」の語韻からすると、余りにも散文的な意味のように思える。

日本「国号」研究の代表的な書、岩橋小弥太氏の『日本の国号』によると、

> 弘仁日本紀私記、すなわち弘仁三年（八一二）に朝廷で日本書紀を講ぜられた時の筆記のその序に、やまとの語源を説いて、
> 夫《そ》れ天地剖判して泥湿《うるお》ひて未だ燥《かは》かず、是を以ちて山に栖みて往来す、因りて蹤跡多し、故にやまと曰ふ、又古語居住を謂つて止《と》と為す、言は山に止住するなり、
> といい、すなわち初めて天地が分れた時に、土地が潤めっているので、人々は山に住み、山にその跡があるから山跡《やまと》というのだという説である。
> （『日本の国号』吉川弘文館、一九七〇年）

しかしこの説明も、国名を論ずるにしては、余りにも無造作な気がする。「跡」というのは過去形の

説明である。

もっともこの「弘仁私記の序」という書物はのちの偽作であるから余りあてにならないが、「山跡」の説はその後多く継承されているという。その後の『釈日本記』（鎌倉末期）に引く「延喜私記」には、

大倭国草昧の始未だ居舎有らず、人民唯《た》だ山に拠りて居る、仍《よ》りて山戸と曰ふ、是れ山に留る意なり、又或る説に云はく、開闢の始土湿ひて未だ乾かず、山に登るに至りて人跡著し、仍りて山跡と曰ふ。

と述べられている。すなわち弘仁説を引き継いでおり、さらに「山戸」「山留」の二説を挙げているのである。しかし、「戸」とか「留」というのも「やま」という言葉の語尾としては落ち着かない。「山跡」の説は、北畠親房の有名な『神皇正統記』「古今集序注」、一条兼良の「日本紀纂疏」、吉田兼倶の「神代紀抄」などにも受け継がれており、京都の北野天満宮所蔵の後西天皇の御短冊にも、

足曳の　やまとゝいふも　山の迹《あと》　これよりなれる　此の国の名ぞ

とある。また兼倶の抄に、

大和国ト云ヿ也的ト云義アリ、的ト云字照《アラハシ》テ見也、天地開闢ノマツタンテキノヿヲ云ンタメ、倭ヤ

マト丶云、此字ガ本也、和字ワロシ、

と述べられ、あたかもこれが定着しているかに見える。

江戸時代以降の説

ところが、江戸時代に入ると、貝原益軒のように「外」だ、という説が出される。その「和爾雅」や「日本釈名」で、

神武天皇が日向より東征せられた時、まず難波から枚方に上らせられ、それから生駒山を越えて大和に入られようとしたが、大和は生駒山の外にある国だから山外《やまと》といった。ととは外ということである。

（吉田兼倶「神代記抄」）

という。この説はまた多くの信奉者を生み、ことに儒者にそれを奉じるものが多かった、と岩橋氏は指摘している。

契沖は『万葉集代匠記』でやはり「山処」だと述べ、本居宣長がそれを受け継いだのだが、山に囲まれた「処」の意には、本居はさらに二つの考えかたがあると言う。一つには「と」は「つほ」のつまった音で、「つ」というのは「と」という意味の古言であるとする。「ほ」というのは《すべてつつまれこもりたる処をいへる古言》だというのだ。二つには「と」は「うつ」の転じたもので「う」を省き、「つ」とは同行で通わしたものである。その「うつ」というのは「うち」ということで「山の内」、すなわち山に囲まれた処だという。しかしこの説明もまたこじつけのようなところがある。近代の漢語学者

の大槻文彦は『大語海』で、これに似た「山間処」説をとっている。周囲を山に閉ざされた盆地のことを「やまと」としているのである。

岩橋氏は本居宣長の同門の説を紹介しているが、「家庭処《やにはと》」の略転だとか、「と」は弟から来たもので「山弟」、「しろ」であって「やましろ」の意である、とか、「内」のことであって「山内」の意味だとか、まるで思いつきの観がある意見が次々と出されている。橘守部は『日本書紀』の註釈書「稜威道別《いつのちわき》」で、「やまと」とは、東に望む山つづきの山城、伊賀、伊勢、尾張などからして常陸までを含めたところを言い、その名義は「東に遥に望む山の止《とど》み」の意味で、これは日向から東を呼んだものだとする。これにはさすがに岩橋氏も一奇説家の説だと述べている。氏は触れていないが「やまと」が「山の麓」を意味するという説もある。

「と」がこれほど多様で、根拠のある説明が歴史的になされていなかったことに驚く。そして、そのいずれの説も「やまとごころ」の精神性に触れてくる言葉としては、印象の薄い非宗教的、非精神的なもののように聞こえる。単なる場所を示す、物理的な意味しかないからである。近代の国文学者折口信夫でさえ、それは「山門」であり、山の入り口のことだという。

> 山門を這入ると、同時に広潤な平野が展け、明朗な地となって、何の障碍もなくなるものとしたのが、普通の考えである。だからどうしても「山門」を中心として考える様になる。山門の中にある光明境をやまとと称するのである。
>
> （『妣が国へ・常世へ』）

と言っている。しかしそうなら「山門」とは山の神社の鳥居のことではないか。このような山から降りてくる視線よりも、これから神のいる「山」に上る視線でなければならない。しかし折口の「山門」では、平地に下る門であり「山」の精神性、霊性に対する思考が見られないのである。

2 「やま」の意味

『日本書紀』に見る「山」

「やまと」の「と」の意味は揺らいでも、少なくとも「やま」は「山」から来ていることは揺らいでいない。しかし、いったい日本人にとって「山」とは何か、という問題はそれほど論じられてはいない。日本では、急峻な山脈と低い山々が混合し、その源から発した大小の河川が流れている。川の流域に小規模な盆地や平野が点在しているにすぎず、平地部分は国土面積の三割に満たない。つまり七割近くが山で、いわゆる「山国」と言ってよい。そこには豊かな森林があり、南の琉球列島の亜熱帯林から、西日本の常緑広葉樹林、そして東日本の落葉広葉樹林、北海道の亜寒帯針葉樹林と変化をしている。こうした山の広がりは、当然、狩猟、採取の生活の場から「山」への親しみ、憧れが生じるのも当然で、さらに山岳信仰が生み出されるのも理解できるだろう。しかし日本人の多くは、海からやって来て、この列島にたどりついたことを考えると、なぜ「海」ではないか、という疑問も湧かないでもない。

しかし「海」よりも「山」の優越を説いた有名な物語が『日本書紀』にある。山幸彦と海幸彦の物語である。

兄の海幸彦（火照命《ほでりのみこと》、『日本書紀』では火闌降命《ほのすそりのみこと》）は漁をして暮らし、山幸彦（火遠理命《ほおりのみこと》、日子穂穂手見命《ひこほほでみのみこと》、『日本書紀』では彦火火出見命）は狩猟で暮らしていた。ある日、山幸彦は互いの道具を交換することを思いつき、しぶる海幸彦を説得して道具を交換することになった。山幸彦は海幸彦の釣針を持って海に出かけたが、魚は一匹も釣れず、それどころか大事な釣針を海中に落としてしまった。山幸彦は謝り、自分の剣を壊して釣針をつくって弁償したが、海幸彦は許さず、あくまでも海中の落としたものを返すように求めた。困った山幸彦が涙にくれてたたずんでいると、塩椎神《しおつちのかみ》が現れ、海神たる綿津見神《わたつみのかみ》の宮へ行くことを勧められた。山幸彦は塩椎神の言うとおりに綿津見神の宮に出かけ、そこで綿津見神の娘の豊《とよ》玉毘売《たまひめ》と出会い結ばれる。幸せな生活が続いて三年目、山幸彦は落とした釣針のことを思い出しては、ため息をつくようになった。理由を知った綿津見神は、魚たちを集めて釣針を知らないかと尋ねた。すると鯛が「のどに何かが引っ掛かって物が食べられない」と言っているという。鯛ののどを見ると、やはり釣針を呑み込んでいた。それを取り出し、山幸彦に返し、海幸彦に返す時の呪詛の言葉を教え、「もしも海幸彦が恨んで攻めてきたなら、この塩盈球《しおみつのたま》を使って溺れさせ、謝ったならこの塩乾球《しおひのたま》で水を引かせて助けるように」と塩盈球と塩乾球の二つの珠を与えた。教えられたとおりに地上で海幸彦を苦しめた山幸彦は、海幸彦を従えるようになったのである。海幸彦の子孫である隼人も朝廷への服従を示したという。「山」が「海」に勝ったのである。これはまた日本の朝廷が山幸彦の子孫であることを示している。

やや詳しく『日本書紀』の話を紹介したが、これが中国との関係をも示していることも無視できない。この海彦山彦の神話に登場してくる海神の娘豊玉姫は、お産のために産屋に入り、もとの姿になったときに龍になったとされる。これは海神の龍であるが、この龍が、中国の皇帝の象徴となっていることは知られている。つまり「海」の龍は、中国のことであり、それに対抗するのが、「山」の日本であることになる。

折口信夫も、海洋の民が山地に移住し、「常世の国」を山中に想像するようになったと語っている。山地の前住者に、その信仰はあったかもしれないが、海の神の性格職分を、山の神に振り替えた部分が多い、と指摘している。

この「山」を日本人がどのように受け取ってきたか、ということをさまざまな角度から論じることは可能であろう。

各地に残る地名

「やまと」の地名は全国に見出せる。ただそれらの地名のうち、史料的にも確実に最初と考えられるのは奈良の大和である。六、七世紀の大化前代に遡るのは、奈良盆地の東南部、大和地方の他には考えられないだろう。ここがその「やまと」の呼称で呼ばれ、それが日本の国号になったことを考えると、「やまと」は単にここの地名であるばかりでなく、その「山」が日本の国民全体に歴史的に深く関わっていたことを示している。その「山」とは三輪山のことである。

「やまと成す大物主」という言葉が示すように、三輪山に大物主命《おおものぬしのみこと》が祀られ、四、五世紀の奈良において三輪山信仰が存在し、その祭祀が行われていたことに深く関わっていよう。三輪山の神祀りに、後の天皇が直接に管理する陶邑《すえむら》焼成の須恵器を用いている事実からも、この山が中心的な存在であったことが知られる。この地が、三世紀後半に成立したと考えられる「大和」国の天皇の発祥の地であり、その城内に歴代の王宮が営まれ、倭の屯田・屯屋や王権の武器庫が所在し続けていたことが知られる。

「やま」は天皇のおられるところであったのである。

『日本書紀』の敏達十年（五八一年）の条に、北方の蝦夷《えみし》との関わり合いで《三諸岳《みもろのをか》に面《むか》いて》という言葉が見られるが、これは三輪山のことで、この山に向かって、蝦夷の人々が、帝に対する忠誠を誓うくだりが出てくる。もし誓いに背いたなら、天地の諸神と天皇の霊に、私どもの種族は絶滅されるでしょう、と述べているのだ。つまり三輪山が大和国家の最も重要な「山」になっていることが知られるのである。

この「山」がある場所が「やまと」になったということができるであろう。やまと《（倭）》建命《たけるのみこと》が、

やまとは国のまほろば　たたなづく　青垣　山隠れる　やまとしうるはし　（『古事記』景行天皇）

と歌うとき、この大和地方が、彼の故郷になっていたのである。東国の蝦夷を討ち、荒ぶる山川の神々を鎮めた長い東国遠征の帰途につき、疲れる足をひきずりながら、やっとのことで伊勢の能煩野《のぼの》に辿り着いたやまと《（倭）》建命は、はるかに「大和」の国に思いを馳せながらこの歌を歌い、息を引き取るのである。

神武天皇が長く苦しい旅路を経て、ようやく「やまと」の国に辿り着いた時、近くの山から国見をする。この時、神武天皇は、

妍哉乎《あなにや》、国を獲つること内木綿《うちゆう》の真さき国と雖も、蜻蛉《あきつ》の臀《と》なめの如くにあるかな

（ああ、何と美しい国を得たことか。狭い国であるけれども、周囲を蜻蛉《とんぼ》が臀なめして飛んでいるように、

山々が取り囲んでいる国だ）

と歌っている。この蜻蛉《あきづ》とは秋津州《あきづしま》のことであり、大和国のことである。

さらに神話の世界に入ると、伊邪那岐命《いざなぎのみこと》の《やまと（日本）は浦安の国（心安らぐ国）》や、大穴牟遅《おおなむち》神《かみ》の《玉垣の内つ国》（美しい垣のような山々に取り囲まれている国）という表現があり、すでに「やまと」の国が、彼らにとって心安らぐ美しい国として讃えられていたのである。さらに饒速日命《にぎはやひのみこと》の「虚空《そら》見つやまと（日本）の国」（大空から見てよい国と選び定めた国）とされている。「やまと」がまさに三輪山の存在によって、日本の国の基として考えられていたことがわかる。

しかし「やま」は三輪山だけではないように見える。「大和」国には周囲に山が数多くある。平城京に移る前、藤原京では、北に耳成《みみなし》山、東に香久《かぐ》山、西に畝傍《うねび》山と、背後に大和三山を控えていた。平城京はその北の山の辺に位置している。背後に寧楽《なら》山を負い、東に奈良東山、西に生駒の山並みがはしる。これらが「大和」の地を抱くように取り囲み、そして難波に通じる大和川の支流佐保川が流れているのである。奈良の各都市は、葛城山麓、三輪山麓、飛鳥などの盆地南端の山の辺の地に位置しているが、平城京は最北端の山の辺にある。つまりこれ全体が「やまと」の国なのである。

こうした山との関係は平城京だけではない。平安遷都の時の詔にも、

平安京も葛野の大宮の地は山川も麗しく、四方の国の百姓の参《ま》いで来る事も便にして……此の国、山川襟帯、自然に城を作す。この形勝によりて新号を制すべし、宜しく山背国を改めて山城国となす

べし、又子来の民、謳歌の輩、異口同辞、号して平安京と曰ふ。

（『日本紀略』）

とあるのだ。つまりここも、山に取り囲まれた都市なのである。平安京の前の長岡京もまた、この山城国の南西端に遷都しており、それが七九四年に北の背後に山を負った地に玉座を据え、南面する都市をつくるのである。

そう言えば、源頼朝が幕府を開いた鎌倉も三方が山に囲まれ、前方のみが海に開いた地形の中にある。北の山の辺には、京の内裏にならって、武士の守護神たる八幡神の神殿がある鶴ケ岡八幡宮をつくり、これを中心として、南に京の朱雀大路にならった若宮大路が由比ケ浜まで走っている。

むろん平安京も鎌倉も「やまと」の国とは言わないが、しかしいずれも「やまと」と地続きであることは間違いない。

日本の古い首都が「山」に囲まれ、その周囲の「山」そのものへの信仰が強かったことは、さらに日本人一般にとっての「山」の存在の大きさを感じさせる。それは長い富士山信仰でもわかるように、各地の名山が精霊の宿るところとなり山岳信仰を発達させた。七世紀後半頃の山岳修行者の役行者《えんのぎょうじゃ》が、のちに修験道の開祖とされたことは知られている。役小角《えんのおづぬ》、役優婆塞《えんのうばそく》、神変大菩薩などと呼ばれている役行者の修行は、その後の山伏による修験道が成立していく基礎になった。彼は大和葛城山の住人で、鬼神を使役するなど呪術にすぐれていたが、人を惑わすという訴えによって伊豆に流された。しかし『日本霊異記』によるとのちに許されてもどり、仙人になって昇天したと言われている。

3　「と」は「人」である

　こうして「やまと」の「やま」については、日本人にとってその重要性が、歴史的、地理的なものであることは理解されることである。天皇の「山」である三輪山からはじまって、その連なりである日本の「山」全体への深い信仰が生まれたのである。とくに美術においても「風景画」のジャンルに、「山」を中心にしたものが多いのは、そこに「美」を見つめる目が、日本人に伝統として根づいていることからとわかる。北斎の『富嶽三十六景』をはじめとする「山」の主題画は、「やまと」人にふさわしい図なのである。富士吉田にある縄文時代の千居遺跡には、石による富士山の姿はこれらの原型であり、世界最古の「山」の表現でさえあるのだ。

「真人」という言葉

　やっと「やまと」の「と」の意味について持論を述べることになった今、いみじくも「山」の「美」を見つめる「やまと」人ということを述べた。私は「と」は「人《ひと》」であると考えている。「人」という表現は決して、これまでの「跡」「処」「留」「麓」などと単なる場所を示す無味乾燥な接尾語の類ではない。折口信夫が『翁の発生』で言っているように、元来「人」という語の原義は、後世の「神人」に近いもので、神聖の資格をもって現れている。折口の言うには、「常世の国」から来る寿命の長い人、ただのこの世の長生きの人という義になっている、という。それは「やまと」の言葉に適合する言葉であるように思える。

「真人《まひと》」という言葉が七世紀の後半の天武天皇によって使われている。天武天皇の時代はまさに日本の律令国家の形成過程であった。天武天皇十三年（六八四）に新たな身分秩序を確立するために臣下の姓を八種に分けた「八色の姓《やくさのかばね》」を制定している。その最高位が真人であった。この一位の「真人」は第五位の「導師」とともに、儒教ではなく道教に基づく言葉であった。

日本の「天皇」という名称も、道教の「天皇大帝《てんこう》」から来たものである。北斗七星の中央に位置する星のことで、天空の高い位の神という意味である（福永光司『道教と日本文化』）。このことからも当時の日本人にとって、道教は決して疎遠なものではなかったのである。道教の「真人」という言葉は『荘子』に現れているもので、「道」の本質を体得したものという意味である。さらに道教の経典では「神仙」を意味するようになった。「神仙」とはむろん「山」に存在するもので、道教では最高位の存在と考えられていた。「神仙」思想にあこがれた秦の始皇帝は「真人」を自称し、自分を「朕」と言わなかったという。その「真人」は神々の位の一種と考えられるようになり、天を治める「神人」に対し、地を治める代表という観念も生まれたと言われる。これが、「人」が「神人」に近い、という折口の指摘と関連していると思われる。

というのも天武天皇が道教に強い関心をもっていたことも知られている。したがって天皇が崩御された後、そのことを知っていた当時の朝廷人は天皇に「天渟中原瀛真人《あまのぬなはらおきのまひと》」という名を諡っている。「瀛洲《えいしゅう》」は「神仙」が住むという考えられている三つの神山の一つであった。つまり天武天皇の諡《おくりな》は道教の神仙の住む「山」の瀛洲で神として暮らす人という意味になる。

道教においては、不老不死となった人を「仙人」「神仙」「神人」「真人」などと呼んでいる。『荘子』が説く「神人」は「山」に住み、乙女のように若々しく、五穀を食べずに露を飲み、雲に乗り、龍に馭し天上を自由に往来する存在である。「役行者」が空中を飛行する、と言われたのも、このことによるものだろう。身体をこの世に残して魂だけが飛行することも可能なのだ。「神仙」は古代の山岳信仰と結びついて生まれたもので、「仙」の字も「山」に住む人の意味とされる。「亻」と「山」が組み合わされている文字である。

「と」という読みかた

「やまと」は「山人」である、というのが新説だ、などと述べると、この説がこれまで出ていなかったのが不思議に思えてくる。「山跡」「山処」「山留」「山麓」などが、「やまと」の意味としては人間性に欠けるのに対して、「山人」はまさに日本人そのものを示しているからである。「山人」を「やまびと」ではなく、「やまと」と読むことができるのは、七世紀以前、大和政権に反抗していた「隼人」が「はやひと」ではなく「はやと」と呼ぶのと似ている。「隼人」が海幸彦の子孫として、「山人」が朝廷の側として対立関係があったと既に述べたが、その意味からも、大和という言葉が「山人」から出たと考えることができる。「人」を「ひと」とか「びと」と読まず「と」とする読みかたの例は他にも多い。奈良時代の政治家で歌人に大伴旅人がいるが、「たびびと」と読まず「たびと」と読んでいることにも通じる。

一方で、この「山人」は「やまびと」として『万葉集』で歌われていることも多い。

あしびきの山に行きける山人の　心も知らず　やまびとや、誰

（舎人親王―万葉集二十）

この歌について折口信夫は『翁の発生』で、

仙人を訓じて、やまびととした時代に、山の神人の村なる「山村」の住民が、やはり、やまびとであった。この歌は、神仙なるやまびとの身で、やまびとに逢いに行かれたと言う。そのやまびとは、あなた様であって、他人ではないはずだ。仰せのやまびとは、ほかにありと思われぬとおどけを交えた頌歌である。

（折口信夫『翁の発生』）

と語っている。そしてこの歌の表現を促したのは、《あしびきの山行きしかば、山人《やまびと》の我に得しめし山づとぞ　これ》（元正天皇―万葉集二十）という御製である、と述べている。

これも山人という語の重なった幻影から出た、愉悦の情が見えています。……山づととは、山から来る人のくれるものであり、山帰りのみやげの包みの義にもなる。元は、山人が里へ持って来てくれる、聖なる山の物でした。

（同書）

と述べて、さらに、

大和では、山人の村が、あちこちにありました。穴師山では、穴師部《あはすべ》または、兵主部《ひょうすべ》というのがそれです。この神および神人で、三輪山の上高く居て、その神の暴威を牽制していたのです。山城加茂には、後に聳《そび》える比叡がそれでしょう。

（同書）

と続けている。山人が大和である所以《ゆえん》である。にもかかわらず折口が「やまと」＝「山門」説であるのも奇妙だ。

柳田國男説は誤り

ところで「山人《やまびと》」というと、柳田國男の初期の説にしきりに論じられていることで知られている。柳田は「やまと」の語源については述べていないが、「山人考」（大正元年）で、日本には《殊に我々の血の中に、若干荒い山人の地を混じて居るかも知れぬといふことは、我々にとっては実に無限の興味であります》と述べて、「山人」が稲作民は、日本に定着する以前の先住民か、稲作民以外の民だと考えている。そして、第一期が《国津神時代（神代―山城遷都）》で、山人の先祖がまだ多くの谷や平野に群居して、大和の部族として対抗した時代。第二期が《鬼―物時代（～鎌倉開幕）》で、坂上田村麻呂によって、帰化するものは早く帰化させ、他は深山に追い込んだ。結果、彼らは官道の通わぬ山地に住み、これら山人は鬼や物と見なされた。第三期《山神時代（～江戸初期）》で、山人の多くは鬼と言われながら、帰化土着した。第四期《猿時代（～明治初期）》は、大いなる零落の時代で、第五期の現代に続くという。

柳田がこの「山人」説を大正末期に半ば放棄してしまうのは、「山人」を稲作民と対立させ、山に住む天狗や鬼と同一視してしまう過ちを犯したからである。「山人」はあくまで「山」を敬う民であり、里に住む人々も含んでいたのである。

この柳田が放棄した説を、「階級闘争」史観の学者が、被差別民としてもてはやし、何とかそれを再興しようとしている（赤坂憲雄『山の精神史――柳田国男の発生』小学館、一九九一年）。とくに赤坂氏らは『東北学』と称して、東北にその「やまびと」たちが残っていると仮定し、その研究を推進しようとしているが、それが虚妄の学たらざるをえないのは、「山人」が「やまと」であり、蝦夷も隼人も熊襲も融合していく人々だからである。「山人」と天狗とか鬼とかは別の問題である。

この柳田の発想にハイネの『諸神流竄記《しょしんりゅうざんき》』があるとすると、それが誤りの原因である。それはギリシャの神ジュピターが、マルス、ヴィナスなどとともに、キリスト教の神に敗れ、人の住まない山の中に逃げ込んだという物語である。ジュピターは北国の「ドンドン雪」の降っている山に隠れた。この山へ漁師が行った時、やつれた姿の老人が、右と左に狼を抱えて囲炉裏にあたっているのを見た。話をすると、その老人は、何を隠そう私はジュピターだ、と言う。これまでキリスト教に対抗してきたが、到頭その勢力に勝てないで、この山の中に余命を保っている、と言ったという（「幽冥談」）。このような異教の民としての「山人」説があり、それが仏教と対立した先住民族であると考えるとすると、それは「山人」には適合しない。柳田民俗学も、その発想に、このような西洋の発想があるとすると、明治以降にありがちな西洋中心主義の日本の学問の拙劣さを繰り返すことになる。柳田は後にこの説をあきらめ、「常民」という言葉を使い始めるが、かえってこの「常民」が「山人」に近いのである。

「山人」は「山」に属する人という意味で、住んでいる人達のことではない。稲作をする農民、里人として「山」に限りない愛情を抱いている人々のことをもいうのである。日本人には自然を融合していくヒューマニズムの心が宿っている。さらに言えば彼らにしても別に稲作民として里に固定していたわけではない。山と里を行き来していたのである。

ここに「山」が自然の象徴として「神道」の「神」の意味合いをもち、「人」が「人間」として自らそれに従い、さらに仏教的な「神仏習俗」の概念を付与していることも推測できる。人々はそこに神社仏寺を建てる。そこに仏像を安置する。一方でさまざまな神々が降りられる霊場とする。名もない低い山でも、彼らにとってはそれが身近にあれば、「こころ」の通った霊山とするのだ。比叡山、高野山などの名高い仏寺もそこから発した。近代の有名主義が、名前のない山の価値をなくしてしまっているようだが「やまと」人はそうした山も敬愛し続けるのである。「こころ」とはそれを意味するであろう。

最初に引用した本居宣長の《しき島の　やまとごゝろを　人とはゞ　朝日にゝほふ　山ざくら花》は、まさにその「山人」たちの「こころ」を歌った代表的な和歌のひとつと言えよう。桜花の前に「山」が入っており、それを「ひと」が「におう」のである。

第Ⅰ部　原初神道の形成

三内丸山遺跡（毎日新聞社提供）

第一章　原初神道としての縄文文化——三内丸山遺跡は語る

1　西洋の宗教観の偏見

「進歩」史観の虚構

「神学 Theology」はキリスト教の学問であるが、近代の「宗教学 religion studies」と言われる学問もまた西洋でつくられたものである。それはキリスト教そのものが、近代科学の台頭の中で相対化される現状に対応したものと言える。そして西洋の植民地の拡大に伴い、他の宗教と出会うことによって自らの信仰世界を新たに相対化せざるをえない事態に立ち至った結果でもある（Erick Sharp, *Comparative Religion : A History*, London, Duckworth, 1975/1989. など参照）。したがって「宗教学」は、キリスト教が最も高度の宗教であり、それだけが真理であるとする西洋の宗教観（ヘーゲルの宗教観をはじめとする）のヒエラルキーについて問い直しをするものであった。いわゆる西洋中心主義による序例構成の打ち崩しが行われたということができる。しかし「宗教」が相変わらず西洋でつくられた概念であるかぎり、非西洋社会の宗教を把握することは難しいのも事実である。「ポスト・コロニアル」と称する新たな「宗教学」も混迷を深めるだけだ（『宗教を語りなおす——近代的カテゴリーの再考』みすず書房、二〇〇六年など参照）。

そのなかで、特に日本独自の「神道」はまだとらえられていない。「神道」が「近代化」が進んだ現代日本でまだ「生きている」にもかかわらず、それが「原始」的段階の宗教であるはずの「アニミズム」「シャーマニズム」といった「宗教学」の範疇で語られるかぎり、「宗教学」そのものが、広汎な人間性をとらえる学問ではなく、単に西洋中心主義を固持するための弁護論以外の何ものでもないことになる。

キリスト教がそのような「アニミズム」や「シャーマニズム」の部分をもたないかに見えるのは、ゲルマン民族の大移動によって、その部分を故郷に歴史的に置き忘れてしまったからにほかならない。近年のギンブタスらの東欧を中心とした「古ヨーロッパ文明」の発掘は、その置き忘れたものの再発見の足がかりになることが期待されている。西洋のキリスト教は、その置き忘れたものを忘却に付すことによって受け入れられた、他者の宗教であった。それはこともあろうに歴史的に彼らと異なるユダヤ民族の宗教であったことは周知の事実である。『旧約』はユダヤ民族の聖書であり、『新約』はユダヤ人キリストの物語である。

ところで西洋の「宗教学」は、初めは宗教まで「進歩史観」を採ったが、それは否定せざるをえなくなった。宗教には「進歩」も「近代化」もなかったのである。アメリカやソ連など、過去のない国、過去を否定する国が世界を支配した二〇世紀が過去のものとなり、二一世紀は九・一一テロのようにイスラム教とキリスト教、ユダヤ教の対立によって幕を開けた。それは「貧富」間の闘いでも、イスラム「宗教」国家と「近代」国家の対立でもなく、基本的には「イスラム教」徒と「キリスト教」徒との対立なのである。アメリカのキリスト教徒は新旧合わせて九〇パーセントにのぼっていると言われている。

ロシアにおける「ロシア正教」の復活は著しい。このことは宗教が依然として根強く世界に存在し続けていることを示している。それなら、改めて宗教を吟味していくことは、現代において重要なことである。宗教が「原始時代」から「近・現代」まで歴史同様に「進歩」を遂げてきたわけではない以上、アジアの宗教も「停滞」した原始的な宗教ではないはずである。

「宗教」には「進歩」はない。「宗教」だけでなく、全世界の「思想」は、紀元前五世紀に既に書かれている、というのは二〇世紀前半の哲学者ヤスパースの言葉であるが、たしかに釈迦、ソクラテス、孔子、エレミアも、その「枢軸」時代の人々以後、それを超える思想家はいないように見える。これは芸術の分野ではいっそう明らかである。この「枢軸」時代以後、宗教も思想もあるいは文化もこの時代の模倣であり、「進歩」ではなく「変化」したにすぎないということになる。そのことは、人間の精神世界には決して「進歩」はない、ということなのだが、近代人はヘーゲル以後、「近代」絶対主義が続き、今が最も「進歩」した時代だと考えている者がいまだに多い。だが、それは技術の「進歩」と精神の「進歩」とを取り違えているにすぎない。技術の「進歩」で生活が「快適」になったというが、それは本当であろうか。では、なぜ「宗教」が存在し続けるのであろうか。

先史時代の宗教

本章では私は「先史」時代の「宗教」問題に遡りたい。日本においては「縄文時代」と呼ばれる時代についてである。この時期は普通、考古学の時代であって、「宗教」などありえないし、あっても最もプリミティヴな時代ということになっている。文字もない、道具も粗末なもので、土器・土偶も素朴な造形物であり、そこで「宗教」や「思想」を問おうとしても「アニミズム」でしかない。文献史料もないから、学問的にも裏づけられない、と言われている。

しかし実を言えば、これも「近代・進歩史観」の産物である。前述のように、紀元前五世紀の賢人たちは、むしろ時代的には、現代よりもこの時代に近いのであり、日本ではまさに縄文時代と重なっていた（弥生時代の開始が紀元前一〇世紀まで遡るとなると弥生時代となるが）のである。たしかに人口が少なく、技術は劣っているが、その時代に「精神文化」までも低かったかどうかはわからない。逆説的だが、マルクスなどはかえってこうした原始時代に、「原始共産制社会」を夢見ていたが、それは幻想にしても、この時代にはその造形物から、立派に「宗教」につながる精神文化があった、と考えても決して誤りではないはずである。

それは豊富な縄文文化の遺跡や遺物から類推できることだが、とくに一九九二年以降の三内丸山遺跡の発掘が起因になっている。その発掘の成果を踏まえながら、この時代のさまざまな形象物を、形の分析により、学問的な裏づけが可能になったと考えられる。そのことは、日本が縄文・弥生のような時代が、決して単純な「原始」時代ではなく、高い「宗教心」をもった時代であり、ある意味では日本の「基層文化」として原初の姿を宿していると考えるべきである。同時代の中国やヨーロッパのような進んだ文化はなかった、という俗説を排する必要がある。

2　生者と死者の共存――広大な墓地

三内丸山の新事実

周知のように三内丸山遺跡は平成四年（一九九二）以来、発掘調査が行われ、これまでの縄文の文化を更新する新たな事実が判明してきた。まず三内丸山遺跡では、墓地がたいへん重要な位置を示していることである。それは集落内に、あたかも生者の住居と同等につくられており、生者と死者の共存のような形をとっているかに見える。住居地の北、北盛土の東側に、総延長四二〇メートルもの道路をはさんで墓地がある。一方、最近の調査では、集落の西側にも、三三〇メートルにわたって墓が並んでいることがわかった。ともに大人の墓地で、死者たちは、生者たちと同じように「住んでいる」のである。さらに盛土に近いところに子どもの墓地が別につくられ、子どもとして死んだ者たちが特別に供養されている。また大人の墓地でも男女が別々に埋葬されていることが多く、こういった世代別、男女の区別からは、集落全体が、個々の家族の集まりというよりも、集団的な家族として機能していたのではないか、と推測できる。

墓がみな平等で、大きな墓や小さな墓の区別がないことは、集落があれば貧富の差ができ、支配・被支配の階級社会がある、というマルクス主義歴史家の幻想を砕いている。もともと人間の社会での区別は、階級ではなく役割分担なのである。ただ墓の間が狭いもので約四五センチ、広いもので四メートルあるので、家族か集団の違いがあったことは推測される。

墓地が、今日のように郊外にあったり、村の外れにあったりするのではなく、集落内にあることは、死んだ人々が真近におり、その霊がまだ生きている、という信仰が今日よりも強かったことを示している。墓を死者の家に見立てて、生者がそれを守っている、ということになる。

御霊神仰が存在した

遺体は、深鉢形の土器を大きくした甕棺に屈葬の姿勢で収めるが、これは伸展仰臥位よりも生きた姿に近い姿にしていると言えよう。また、副葬品として敲石や凹石、石鏃《やじり》、異型石器、円礫《えんれき》などが見出される。とくに礫《れき》はその霊力が信じられたに違いない。まずこの「御霊信仰」、あるいは「祖霊信仰」がこの世界にあったことは確かで、これが「神道」の御霊信仰と共通することになる。それはまた日本の「仏教」が、やはり死ぬと「仏《ほとけ》になる」という「神道」化した形となっていくことにもつながっていく。

死体は動かないにしても、その御霊はそれと共に生きている、という信仰は、当然、そこに精神の自立性を生み出していく。一五〇〇年も同じ土地に生きていた三内丸山の人々は、当然祖先の血が続いている、という考えをもっていたに違いない。彼らは祖霊との感応を体験していたであろう。過去の記憶も共通にあったに違いない。口誦で人々はそれを語り合うことがあっただろう。ここに「神話」に近いものがあったと推測される。

岩崎敏夫氏は阿武隈山地のハヤマ祭りに参加して、ハヤマカミの託宣を、告童《のりわら》（神御子）に神がのりうつった形で聞いたことを記録している。このハヤマカミは、カミではなく、祖霊であるという。これと共通する存在が三内丸山にあったことを、類推させるものである（岩崎敏夫『本邦小祠の研究』名著出版、一九六四年）。

3　三内丸山の大建築は神社か

大きな建築物とは何か

三内丸山遺跡の中でもっとも注目されたものに、平成六年（一九九四）七月に《大規模建造物か》として報道された、直径一メートルのクリの巨大木柱の柱根が、整然と二列に並んだ遺跡がある。六本の木柱は互いに四・二メートル（〇・三五×一二）のスパン

（間隔）で統一して配置されている。つまり三五センチを単位とするいわゆる縄文尺が用いられていることが判明した。これは近代西洋でも知られる腕の肱《ひじ》から手の先までの長さの単位（パルミ）と同じものので、メートル法以前の、身体を基準に寸法を測定した単位が、この時代に既に存在していることがわかった。このことは、この時代に既に、このような単位を使って測定がなされ、建築物が造られていたことを示している。

この直径一メートルの六本の巨柱にはクリ材を用い、穴の深さは二メートルに及んでおり、柱根部を焼いて腐蝕を防いでいる。さらに穴は初め直径一・五メートルあり、一メートルの柱の周囲を土や砂で固めて動かぬようにしている。この構造は、これが仮設建築ではなく、恒久的なもので、既に多くの巨木を使った同種の建築が行われていたことを推測させるものである。柱の基部にかかる荷重の計算により、この柱が約一六・五メートルの高さとなる、と計算された（大林組プロジェクトチーム『三内丸山遺跡の復元』学生社、一九九八年）。またこれはトーテムポールのように、一本の柱を単純に立てたものではない。柱が六本あることは、建築として安定した構造をもたらすことは明らかで、さらに柱の高さから、これは高層建築であって、通常の住居と異なることを示している。

この高層建築とは何であっただろうか。想像力の乏しい唯物論者が多数を占める（?）考古学者の考えでは、現在の復元で見られるように、それは物見櫓《ものみやぐら》でしかない、ということになる。遠くを見るための、実利的な役割の塔である、という現代的な考えで、この巨大建築を考えている。そこには壁さえない、吹き抜けの足場しかないのである。これは全くおかしいのではないか。

三内丸山遺跡が示すものは、ここに五五〇〇年前から、四〇〇〇年前までの一五〇〇年間ほどに形成されたひとつの住民の集合体だということである。小都市と言ってよいかもしれない。なぜならまず大きく分けて、三つの領域があるからである。第一に、住居空間である。ここには住居が密集し（中には四〇〇棟もあるところもある）、この間に五〇〇人ほどの人々が随時、居住していたと考えられている。第二に、既に述べたように、広大な墓地がある。この住居域と隣接して墓域があるということは、生者たちと死者たちとの密接なつながりがあり、その共同性を感じることができるということである。ここにまず祖霊とつながりがあり、「神道」の基本的な概念があるということである。「神道」は「御霊信仰」が基本であるからだ。そして第三の地域として盛土に囲まれた公共空間と思われる地域がある。そこには統治、宗教、商業などの施設があったと考えられる。そのなかのひとつが「巨大六柱建造物」である。この三地域が截然としていることは、すでに共同体としての村落の機能を備えていたということである。有史の都市の形成を見ても、まず人々の住居地域、中央に広場があり統治者の建物、そこに教会と公共の建物、市場があるからだ。この三つの機能をもっていることを三内丸山遺跡が示しているのである。

第三の公共領域が独立した空間と呼べるのは、その周囲に、意図的に造られた山をなす南北の「盛り土」が環状につくられているからである。高さが二～三メートル、幅一五～三〇メートルあるもので、外径は一六五メートルもある。これは発掘時の状況においてそうであるが、もともとはさらに規模が大きく、外径二二〇メートル、内径一三〇メートルあると想定できる。これに囲まれた広い部分に、大型建築や高床式建物もあり、「巨大六柱建造物」があるのである。その環状になった盛土の外部に、本杭によって支えられた通路があり、さらに両側が土盛りの、墓を貫く広い道路がある。その横には竪穴住居の家並みがあり、さらに南に住居群が続く。するとこの環状盛土の中こそ、住居や墓と異なる広場となり、そこが公共空間となり、まさに、集落の集合場所であり、また特殊な共同空間と考えられる。したがってこの六本柱の建物は、直径一メートルもある大木により、高さを追求した建物であるかぎり、物見櫓でもなく、また大住居跡でもなく、特殊な聖なる建築、ということができる。『記・紀』の神話以来、日本では、神を「柱」と数えるのも、この「縄文時代」から発しているのかもしれない。諏訪大社の御柱祭のような樅の巨木を伐り出し、境内に神木として立てるにとどまらず、構築物を造ったのである。

それは神社ではないか

聖なる建築という言葉を使ったが「宗教的」建築ということができるであろう。それは明らかに「神社」の原型であるだろう。一般に「神社」は仏教が伝来してからその寺院に呼応する形でつくられたと言われているが、弥生時代の銅鐸に印された建築は、聖なる建築を思わせ、この建築との関連性を予想させる。埴輪の家型のものは、三階以上の大きな建物となっており、巨大建物がなかったとは考えられないと感じさせる。巨大な樹木で造られた建造物は、後の出雲大社本殿を思わせるものである。出雲大社の太い柱はそこに高さ一六丈（約四八メートル）の大社殿をつくったが、おそらくこれと似たものではなかったか。出雲でも住居と墓地は併存していた。広大な墓地があるにかかわらず、そこに集合場所がないとは考えられない。既に人々の「御霊信仰」という「宗教的」共同体にふさわしい空間を必要としたはずである。住民が共同して祖霊と交わる場所をつくったはずである。

このことは盛り土の中の内容物に由来している。盛り土の中からは大量の土器や石器、さらに土偶や翡翠、琥珀、多種の小型土器が掘り出されている。その下層から上層の順に、土器の編年をたどると、一〇〇〇年以上にわたることが調べられている。これらは明らかに、死者が遺していった品々であり、またその形見であることがわかる。生者が日常に捨てたものではない（縄文晩期の長野県北村遺跡などでは食べた動物の焼け骨やゴミと思われるものが墓地に見出されているが、それは死者に対すると同様の、死んだ動物、使われなくなったものへの哀悼の表れであろう）。ゴミ捨て場は別に、集落の西の台地の縁にそって配置されている。ここにこの盛土で囲まれた空間と、外の住居、墓地とのつながりが感じられるのである。

4　縄文土器の意味

縄文の意味とは

三内丸山遺跡に膨大な量の土器が出土することは、それが四万箱にのぼったという数字でもわかるが、実際はその数十倍は埋蔵されていると言われている。この地域での使用目的でつくるのではなく、他の地域に送るために生産していたことを物語っている。商業用あるいは交換用のために生産されていたことが了解される。これはすでに「円筒土器文化圏」と呼ばれ、北海道南部まで広く及んでいる。大半は煮炊き用の円筒土器であり、中には一メートル以上のものさえある。

ここの土器もそうであるが、やはり縄文という言葉どおり、縄目の文様がある。縄文にはどのような意味があるか。これと「神道」にはどのような関係があるのだろうか。

よく知られているように、縄文という言葉は、まさに土器につけられた縄目の模様から来ている。縄を回転させて、縄目を押印したもので、明治一〇年（一八七八）に大森貝塚から発掘された土器に米人教師モースの名づけた cord marked pottery の訳といってよい（最初は矢田部良吉によって索縄の印型、席紋などと訳された)。

三内丸山の土器の例ではないが、縄を考える上で、きわめて貴重な例がある。それは横浜市磯子区赤穂村出土の縄文中期(三〇〇〇年前)のものである。そこには明らかに、太い縄自体が結ばれており、あたかも注連縄《しめなわ》が土器をしばっているように、つくり出されている。この「結び」を示していることは、他の土器が抽象的に縄の文様を、その地に示しているのと違って、縄そのものを具体的に示しているのである。

渦のような縄文

そこで「神道」における注連縄との関連を述べてみよう。現在でも、日本人は正月に門前や玄関、神棚などに注連縄を張る習慣をもっている。神社そのものばかりでなく、境内の大樹や巨岩、洞窟などといった自然の不可思議さを示すものにも、注連縄を張りめぐらす。ここには注連縄が、霊なるもの、異界を感じさせるものに、縄を張って、そこに神を見る精神を示している。

記紀神話にも次のような話がある。天照大神が岩戸に隠れたとき、神々はやっとのことでそこから引き出した。そこで二度とひきこもることがないように、岩戸の前に「尻久米縄《しりくめなわ》」を張ったという。それが「神道」では注連縄の起源とされている。縄自身がもつ威力で、そこに入れないようにした、というのだ。

ここでわかるのは、縄そのものに霊なる力を感じ、それが俗なる世界から守ると信じる精神がある、ということである。この解釈は、縄文土器の縄文の意味を考える場合、示唆的である。土器そのものに縄のもつ威力を発揮させるもので、とくに結んだ縄が彫られた赤穂村出土のものは、縄が締められており、それによりそこに「しめ＝占め」の世界、すなわち霊なるものが閉じこめられているのである。祝詞において、神魂《かみむすび》、高御魂《たかみむすび》など「魂」という言葉が「むすび」という読み方をされるのも、結ぶことが、霊や魂を示すことを表している。

ところで土器に縄文だけでなく、渦のような波条の形がつけられているものも多い。波条渦巻きは世界の土器で類を見ない。むろん中国にもない。新潟県の信濃川流域から富山県や福島県の会津まで発掘されるこの「火炎土器」は、まさに縄文時代の精神性の高さを示すものとしてよく知られている。酒のための器とされるが、この装飾的な縁では、実用に適さない。世界的にも稀なその表現力の豊かさと、その力強さは、飾りそのものが、何らかの精神を表すものと思われる。その芸術的な形態が一体何を表そうとしているか、これまで深く問われてこなかった。一体これは何を表すのであろうか。これも「神道」との関係でより明確になる。

「神道」では祖霊を称える祈念祭の祝詞に「ウズ」という言葉が出てくる。《宇豆幣帛＝ウヅノミテグラ……》とあるように、そこに大和朝廷の祖霊の尊厳を新たにしているのである（『延喜式祝詞教本』八）。「ウズ」はそれだけで賞めそやす言葉であり、それは渦の形から来ているものと考えられる。ウズ・マキは、水、風、火、蔦などの巻くことである、と言う（只野信男『日本民族二万年史』近藤出版社、一九九〇年）。この自然の四大（水、風、火、土）が一貫してウズによってその強い霊力を発現する、ということは、縄文人がいかに自然をよく見ていたかを示すことにほかならない。この渦を土器に用い、そのエネルギーを造形化したものと思われる。

縄文時代の中期から翡翠が出てくるが、それが晩期になると勾玉《まがたま》となる。つまり渦を巻くのである。

この勾玉は「神道」では「三種の神器」の一つとなる。つまり既に縄文時代に「神器」の一つが登場することは、縄文人と神道との強いつながりを感じさせる。縄文期においては翡翠は糸魚川《いとい》の姫川上流から採取されるが、この地は縄文文化の中心地の一つであった。この頃から翡翠は単に飾りではなく、それ自身「神霊」が宿るものとされたと考えられる。これが「三種の神器」になる必然性があったはずである。あとの二つの神器が、剣と鏡という金属製品で、おそらく初めは大陸からもたらされたものであろうが、この翡翠の勾玉は日本で生まれたもので、外国にはない。

5 縄文土偶の意味

土偶とは何か

土器とならんで縄文期に特色があるものが土偶である。三内丸山遺跡から既に一六〇〇点もの土偶が出てきており、壊れたものだけでなく、完全な形をしたものも出てくる。また頭部と胴体がばらばらに掘り出されることもある。いずれにせよ、この土偶は、ひとの姿をしていても、正常な体はしておらず、顔は異常であり、体もまた短小であったりする。つまり決してまともではない。青森亀ヶ岡遺跡で発掘された有名な「遮光器土偶」と呼ばれる土偶も、その顔がなぜこのような形になっているのか不明であった。

しかし拙論「縄文土偶は異形人像である」(『東北大学文学研究科研究年報』五〇号、二〇〇〇年)で発表したように、これらが予想される近親相姦の時代における奇形や遺伝病の類である、と推定し、民族藝術学会において大方の承認を得た。例えば遮光器土偶には多くのバリエーションがあるが、明らかに両目が爛れている眼病である例が確認されており、これ自体、精霊や象徴といったものではなく、こうした病状を抱えた人々の姿を比較的忠実に表現したものであることが推測できた。したがって、ある意味で土偶には、こうした死者の「人形」を作ることによって、「神道」でいう「穢れを祓う」という意味と、畏怖の念をそこに込めるという意味が予想できよう。それは縄文人の異形人に対する「優しさ」をも示すものである。

『古事記』の中の伊邪那岐命《いざなぎのみこと》・伊邪那美命《いざなみのみこと》が国産みの神話の段で、最初に水蛭子《ひるこ》を産んでしまい、葦の船に乗せてこれを流し捨てるというところがある。さらに淡島を産んだが、それも子供の内に数えなかった。二柱の神は、「私たちの産んだ神はどうも出来がよくない。天つ神のところに行ってうかがってみよう」と参上された。しかし天つ神は自らそれをどうすることもできず、鹿の肩骨を焼き、ひびの入り方を調べる占いをするように指示した、と記されている。ここで兄妹の関係を非難していないこと、この結びつきを非難しなかったことは、これをタブー視することがなかったことを示している。このような近親相姦が行われていた時代にあっては、多くの病弱児や異常な姿の子供たちが生まれてきたことは当然で、それを鎮魂する意味で土偶が数多くつくられたことが推測されるのである。

子供の墓は少ない

このことと子供の墓が少ないことは関連していよう。後にそうであるように、大人に達していない場合には、多くは足形や手形の土偶で代替したと考えられる。三内丸山遺跡では子供の墓は大人のそれと異なる地域にあり、特別の深鉢型の土器に入っている。それはあたかも母の胎内にいるかのようで、また生まれるのを待っているような姿をしている。一歳未満のものから遺骸が見出されるが、稀には大人の墓からも五歳前後の子供の遺骸が見出されることがある。

墓からは、土偶にあるような異形の者の遺骸が見出せないのは、彼らが別に捨てられたからであろう。三内丸山遺跡では、墓ではなく中央の谷や北斜面の低湿地から人の骨や歯が断片的に発見されるが、それは、それら、まともに墓に埋葬されなかった人々であったと思われる。のちの時代でも、日本では七歳までの子供は、葬式を行わず、賽の河原と呼ばれる町の外れや辻に捨てられたが、それと同じ扱いを受けた可能性が強い。土偶はまさしくそうした遺体の代替物であったと考えられる。

世界で最も美しい女性土偶とされる「縄文のビーナス」（長野県棚畑遺跡）は、肥満した女性や妊娠した女性の姿として、やはり異形の人物像である。さらに子供を抱く女性土偶（東京都宮田遺跡）、子を背負う女性土偶（石川県上山田貝塚）など、親子関係を示す土偶もあるが、これらも大人の姿は異形である。土偶がしばしば装飾的な服装をしている場合もあるが、それは祭りなどのハレの装いをつけてつくられたものであろう。死装束をつけている、と言ってもよいかもしれない。

遺跡は山にある

三内丸山遺跡が八甲田山系に連なる大きな台地の上にあることは、縄文人の生活との関連を深く感じさせる。前面には陸奥湾という内湾があり、山と海の接点に位置している。さらに集落の北側には、現在は沖館川と呼ばれる川があり交通の便がよく、豊富な食糧を確保するのに適していることもわかる。出土品からは、真鯛や平目、鰈《かれい》、鰯《いわし》、鯵《あじ》、河豚《ふぐ》などの骨が見出されており、今日の食卓の魚と同じである。背後の豊かな森林の一部には栗が栽培され、この栗の実と稗《ひえ》などが主食として食べられていた。さらに栽培植物が多かったことも、種子の発見で確認されている（『縄文文化を遡る――三内丸山遺跡からの展開』日本放送出版協会、二〇〇五年）。

クリの木の「六柱巨大建造物」は、「神道」の「神木」の信仰とともに、そこに「御霊」信仰を重なり合わせたものであったであろう。それは「墓地」と住居が共存する領域をつつむ周囲の「杜《もり》」とともに「神社」村落を形成していた。むろんそれは今日の仏寺形式から来た「神社」領域とは異なる、樹木信仰を中心とした御霊信仰の「神社」領域であるが、しかしそれは、「神道」の原初の姿を現す空間として想定できるであろう。その「杜」は「盛り」とか、「茂り」、さらに「守り」という意味から来ており、周囲に樹木が壮《さか》んであることで十分なのである。「神道」に関しては、その今日的な「宗教学」では語られない。これはより広い範囲で語られなくてはならず、「宗教」を包括する「宗教心」を想定しなければならない。少なくとも日本人がこの縄文時代に独自の「神道」という共同宗教をもっていた、と考えることができるのである。三内丸山はその意味で「神道」村落なのである。

第二章　日本の神話をどう理解するか――天照大神と須佐之男命

戦後六〇年以上経ち、日本の神話というと「皇国史観」を思い出させ、ある種のアレルギーを感じてきた時代が過ぎ去ろうとしている。ともあれ神話と現実を一体化し、歴史を神話の連続と考えることを否定することに、この六〇年の歴史家たちはエネルギーを注いできた。津田左右吉に端を発し、『記・紀』神話を権力者の虚構と考えた戦後のマルクス主義の歴史家たちもリベラルたちも、神話を何らかの階級史、権力史の反映であると想定し、その神話性を解体することに意を用いてきた。

故人となった国語学者・荻野貞樹氏が『歪められた日本神話』（PHP新書、二〇〇四年）で、彼らに共通した認識は、いわゆる『記・紀』神話の記述は全部、なにか他のことを述べたものだということにある、と述べている。例えば高天原《たかまがはら》といえば、それを征服者の軍事基地だとし、八岐大蛇《やまたのおろち》とあればこれは川の氾濫だとする。国譲りとあればこれは古代の内戦だと言い、天孫降臨だとあればこれは外人の漂着だと言う。こうした社会史的な解釈は、神話を否定的・通俗的な世界に引き落としてしまい、その真実がかえって分散し、結局、神話の真の理解に成果をあげえなかったと言ってよい。

ただ、戦後、考古学的な縄文・弥生時代の多くの発見が、神話の時代をそのまま日本の歴史と連続させることを不可能にさせているという理由で、神話を遠ざける必要はない。日本の縄文時代以来の一万一〇〇〇年以上の無文字時代の、いわゆる口承文化の時代を『記・紀』が内包していると解することは、新しい展望を神話に与える。これまでの否定的・通俗的な解釈ではなく、記述に即した解釈は、日本神話を理解するうえで大事なことでもある。『記・紀』はあくまで神話であり、それらが編集された時代の、熱い精神的な記憶であって、その中に民族の歴史の多くの真実をもっていることは、事実である。本章は天照大神を中心にしながら、その神話を歴史の中の精神的な葛藤として取り出そうとする試みである。

1　日本神話と盤古神話

日本神話と『旧約聖書』

『旧約聖書』の「創世記」では、《はじめに神は天と地とを創造された。地は形なく、むなしく、やみが淵のおもてにあり、神の霊が水のおもてをおおっていた。神は「光あれ」と言われた。すると光があった》（『旧約聖書』日本聖書協会、口語訳）と書かれている。これに対し日本神話では次のように書かれる。

昔、天と地とがまだ分かれず、陰と陽ともまだ分かれていなかったとき、この世界は混沌として卵のように形も決まっていなかったし、また、それはほの暗く、広くて、物のきざしはまだその中に含まれたままであった。やがて清く明るい部分はたなびいて天となり、重く濁った部分は滞って地となった。しかし清らかでこまかいものは群がりやすく、重く濁ったものは固まりにくいものである。

だから、天がまずでき上がって、地はのちに定まった。そしてのちに、神はその中に生まれたもうた。

（『日本書紀』井上光貞責任編集、口語訳、中央公論社）

ここで注目されるのは、日本民族が自分たちの出自を語るのに、宇宙の創めから語る気宇の大きさである。これはユダヤ民族の神話である『旧約聖書』の宇宙観と同じ規模をもっている。しかし、天と地は『旧約聖書』の「創世記」のように、神がつくるのではなく、既に存在し、文字通り自然に分かれていったことを述べ、神はその自然の中に生まれたものである、としている。神が自然をつくったのではなく、自然が神をつくったとする認識である。この説明を支那の『淮南子《えなんじ》』からの借用であるとする説がある。支那が起源というのだ。では同じ神話である支那の盤古神話と比較してみよう。

盤古神話によると、天地開闢の以前、宇宙は巨大な卵であった、という。ある日その卵は二つに割れて上半分は大空となり、下半分は大地となり、そこから最初の創造物である盤古が出現した。かれは、毎日十尺ずつ背丈が伸び、大空は十尺ずつ高くなり、大地も十尺ずつ厚みが増した。一万八千年経つと、この巨大な生きものは死んだ。

盤古が死に臨んだ時、突然全身に大変化が起こった。彼が口から吐き出した息は風と雲になり、声は轟々たる雷鳴となり、左目は太陽に、右目は月に変り、手足と体は大地の四極と五方の名山となり、血は河川に、筋は道に、肉は田畑に、髪と鬚は天上の星々に、皮膚と毛は草木樹木に、歯、骨、骨髄などはキラキラ光る金属、堅い石、まるい珠そして柔らかみのある玉となり、あの一番役に立たぬ汗は旱天の雨露になった。

（『中国古代神話　上』袁珂著、伊藤敬一・高畠穣・松井博光訳、みすず書房、一九六〇年）

重要なのは、人間の誕生のことである。ところが、右の引用部の後には、こともあろうに、最後にその身にたかっていた「蚤などの寄生虫」がわれわれ人類の祖先となった、と述べられているのである。盤古神話が日本の神話に似ているかに見えて、全く異なるのはこの点である。その元となる盤古という存在は、『旧約聖書』のような絶対的な神ではなく、巨大な卵から生まれた「生きもの」である。それは神という聖なる存在ではなく、魂なき自然そのものという印象を与える。

そして人間は、盤古にたかっていた蚤などの寄生虫からできるものだから、さらに得体が知れない存在となる。これは日本神話において、伊邪那岐の左目、右目、鼻から生まれ、高天原で天照大神、月読命、須佐之男命の三柱の神になり、やがて降臨してこの世で日本人になるのと異なるのである。盤古神話の場合は太陽も月も神も、人類とは別の存在なのである。人間は盤古とさえつながりがない。人間は造化の神が成しえた中心的な存在ではなく、あくまで随伴的な存在であるのだ。これは支那と日本の人間観が根本的に異なることを示している。

日本神話の多義性

日本神話では、高天原に現れた神は、まず天之御中主神《あめのみなかぬしのかみ》と高御産巣日神《たかみむすひのかみ》、最後に神産巣日神《かみむすびのかみ》の三柱の神々で「造化の三神」と呼ばれる。しかしこの三柱の神は姿や形を見せない。次の二柱の神も同様である。さらにまた次の二柱の神も姿を見せない。このときまで高天原は水面の油のようにとらえどころもないところで、それまでの神々を「神世七代」と呼ぶが、最後に伊邪那岐・伊邪那美の神が現れ、この二神が《二柱の神よ、この漂っている国をつくろいおさめ完成しなさい》とそれまでの神々に命じられる。

そして天上に浮いている天の浮橋の上に立って玉飾りの矛で潮流をかき回すと、おのごろ島ができ、その島に降りて二神は結ばれる。女の伊邪那美が最初に声をかけたので水蛭子《ひるこ》しか生まれなかったが、男の伊邪那岐が最初に声をかけ、やり直したあと、淡路島からはじまり、大八島の国がつくられ、次に神々を産んでいく。ここまで二つの特徴がある。一つは日本神話の神はあくまで世界をつくったのではなく、大八島という日本列島だけを創造していることである。もうひとつは、そこにおける男女の関係構造を定めているということである。それが自然に適っている、と言っているのだ。

それから自然の要素を、それぞれ神として産んでゆくことになる。海、河、風、野、山、そして火を産んだとき、伊邪那美命は「みほと」を焼いてしまい、黄泉《よみ》の国に行ってしまう。伊邪那岐が悲しんで、妻を求め、黄泉の国を訪ねるが、見てはならない姿を見てしまう。伊邪那美は怒って伊邪那岐を追いかける。そのとき伊邪那美が、一日に千人殺す、というと、伊邪那岐が、千五百人生まれるようにする、と答える。ここで大八島の日本人が伊邪那岐の意思によって生まれてきたのであり、天神大神と同じ子孫であることが暗示される。われわれ日本人は、神々の子孫なのだ。

このとき『古事記』によると、伊邪那岐が伊邪那美の追手を阻まんと巨石を置いた黄泉の国からの坂（黄泉平坂《よもつひらさか》）が、今は出雲国の「いふや坂」というのだと述べる。伊邪那美を葬ったところが出雲国と伯耆国の境にある「ひばの山」であると書かれている。伊邪那岐が全身を清めたところを、筑紫の日向の、橘の小門の、「あはき原」だと述べている。黄泉の国が下界と近いだけでなく、伊邪那岐の禊《みそぎ》の場所さえ現実の世界となるのである。

ひとりとなった伊邪那岐からは、さらにさまざまな神が生まれる。それは決して自然神というのではなく、行為の中からそれぞれの神になるのである。それは日本人の精神のありかたを示そうとしたかに見える。既に述べたように、伊邪那岐命が左の目を洗ったときに天照大神、右の目を洗ったときに月読命、次に鼻を洗ったときに須佐之男命が生まれる。この両目、鼻の三つの部分は、人間の形のもっとも高貴な部分と考えられたのであろう。神のその部分から生まれた三柱の神はまさに、日本人の祖先にふさわしい神力を備えている。伊邪那岐はその天照大神に高天原を、月読命に夜の領域を、須佐之男命に海原の領域を与える。

2　高天原について

「天国」ではない高天原

では高天原とはいったいどういうところか。たしかにこの文字の由来は道教研究者・福永光司氏の言うように「高天」であろう。これは道教の用語で天上の聖地といった意味だという（『道教と古代日本』人文書院、一九八七年）。しかし文字が支那から輸入されてもその意味するところは同じとは限らない。それは「天皇」という文字が、道教において北極星＝北辰の神と見られていた「天帝」から来ているが、日本ではそのような天体の星の意味が無視されているのと同じである。たしかに天武天皇が「八色の姓《やくさのかばね》」を制定し、「真人《まひと》」を最高の官位にしており、これも道教の文字を使っている。そして天武天皇の諡《おくりな》を「天渟中原瀛真人《あまのぬなはらおきのまひと》」としている。だが道教での意味でその言葉を使うほど、この思想に関心があったとは思われない。天皇が道教の徒であったことでは必ずしもないのである。少なくとも、唐の武帝のように仏教を排撃するような道教支持者ではなかった。こうした文字言葉は、漢字の原義とは必ずしも一致しないのである。

「天」の名がつくから、当然「天国」だと考えるのも誤りである。あるいはキリスト教のエデンの園という、アダムとエヴァが生まれ、追放されるまでの楽園をイメージしても間違う。どう見てもそのような単純な姿とは思われない。別名「豊葦原《とよあしはら》の瑞穂《みずほ》の国」と呼ばれており、稲作に適した肥沃な土地の意味がある。天照大神がお隠れになる岩戸があり、またその周辺には山や川があり、草木が茂っている。天照大神自身も田を耕し、畦があり、溝がある、と書かれる。高天原の「原」の部分がそれを示しているのであろう。ともあれ自然の中の高い場所にある農耕に適した場所であると考えられる。つまり人間と同じ労働の場所を含んだものとしての神々の住むところなのである。

日本の神々は人間と同じように労働をするので他の民族の神々と違うと不思議がられるが、労働は日本においては古来、人間にとっても苦労とも贖罪とも考えられなかったのである。それは生きるものにとって、自然なことであり、神にとっても同じことであった。神々は人間の模範として存在し、人間同様、苦労を分かち合う存在であったのだ。

いずれにせよ高天原は山の中の稲田をもつ盆地のようなところと考えなければならない。『万葉集』に神が籠り坐《ま》すという意味の山、神奈備《かむなび》山というものが出てくる（巻三・三二四、巻九・一七六一、巻十三・三二二七）。この神奈備山には、三諸《みもろ》の、という言葉がつくことが多いが、これは「御森」のことだと考えられるから、山の森のことになる。飛鳥のどこか森のある山ということになるのだが、それがどこであるかはわからない。

しかし奈良盆地、とくに三輪山とか、雷丘、甘樫丘ではないかと言われる。『出雲風土記』では「神名火」「神名樋」などの地名が出てきており、これらが大和と出雲に集中している。三輪山は後に大物主命《おおものぬしのみこと》を神とする山であるが、その周辺はすでに箸墓古墳、勝山古墳、ホケノ山古墳など、いわゆる纒向《まきむく》古墳群と言われる大和の中心地であったから、この山を中心とした地域と言えるかもしれない。三輪山には巨石がいたるところに露出しており、天照大神が隠れる天の岩戸が見出される、と考えることも可能である（荒川紘『日本人の宇宙観』紀伊國屋書店、二〇〇一年）。

具体的な場所か

天孫降臨の地が高千穂の峰であることは『記・紀』神話の語ることであるが、これが日向の高千穂か、霧島の高千穂か、古来、議論されてきた。本居宣長は両方を肯定していたが、日向の方が高天原で、霧島の方が天孫降臨の地で、そこから神武東征が始まった、という説を採るものも多い（長部日出雄『天皇はどこから来たか』新潮社、一九九六年、梅原猛『天皇家の〝ふるさと〟日向をゆく』集英社など）。こうした説はただ『記・紀』伝説の正しさを確かめた、ということであって、ことさら新たな指摘ではない。しかし戦後そのように書かれるのは、津田左右吉以来の『記・紀』不信説があまりに定説のようになっていることの結果である。ただ二つの高千穂は天孫降臨の地であって、高天原自身は、日本の現実の山と盆地の姿から生まれた一つの想像の世界である、と考えた方がいいであろう。それはまさに大和、つまり「山の人」が日本人の基本であることを示すことにほかならない（本書序章参照）。

天照大神が統べるところ

天照大神は他の二神とともに、伊邪那岐神と伊邪那美神の「まぐわい」で生まれた子ではなく、伊邪那岐の禊《みそぎ》によってその体の一部から生まれていることは、ユダヤ教の

『旧約聖書』でアダムの肋骨からエヴァが生まれたことを思い起こさせる。またもっと近いのは支那の盤古神話で、これは死んだ盤古の左目が太陽に、右目が月になった、というものであるが、これらに共通するのは神がふつうの人間のように性行為によって生まれたのではないということであり、これが神聖であることの証なのである。その子孫となる日本人は、その意味では神の子なのだ。

最近の工藤隆氏らの調査では、四川省大涼山イ族の創世神話において英雄の左目は太陽の形、右目は月の形に変わったと伝えられているという。工藤氏は、このことは他の中国の少数民族文化とも共通していると指摘している（工藤隆『古事記の起源』中公新書、二〇〇六年）。いずれにせよ、天照大神がそれ以後の神や人間と異なった生まれ方をしているということである。その天照大神が統べるところが高天原である。

既に指摘されているように、ゲルマン神話と似ている点がある。そこにはやはり三神が登場し、それぞれ天・地・大気を支配している（渡部昇一『神話からの贈物』文藝春秋、一九七六年）。そのうち天を支配したのがエルミナス神で、その子孫はバイエルン族であり、地を支配したのがイングワス神で、その子孫はアングロ・サクソン人たち、大気を支配したのがイストラス神で、その子孫はフランケン族だという。明らかにこれら三神は日本同様、自然神でありまた祖霊神ともなる。

ゲルマン民族たちは、後に自分たちの宗教とするユダヤ教『旧約聖書』と全く異なる宗教をもっていた。ところが彼らは、これら三神が支配するもともとの土地から大移動することによって、これら神道的な神々をも忘却に付してしまったのである。自然を超越する一神を絶対化するユダヤ人の宗教をローマ帝国の末期に受け取ることによって、この日本と共通する自然神を失ってしまったと言ってよい。しかし、彼らはもともとは日本の神道と同じ性格の共同宗教をもっていたと考えることができる。

3　天照大神と須佐之男命

天照大神信仰は太陽信仰でもあった。しかし太陽信仰は世界中に存在する。エジプト新王国時代（紀元前一六～一一世紀）においては、主神アメンと太陽神ラーが同化して、やはり最高神となっている。これは、天照大神が日本人の祖神と太陽神とが一体化した存在であるのと同じである（エリアーデ『世界宗教史』）。ギリシャ神話でも太陽の神ヘリオスは毎朝、オケアノス（大洋）の東の波間から四頭立ての光輝く馬車に乗り、ユオスの戦車の先導で天へ昇って行く。天空を横切ると、またオケアノスの西の彼方に没していくのである。

高天原を動かない

面白いのは、これらの太陽神は、エジプトでは、神話において鷹を象《かたど》った頭に日輪を戴く姿で表現されているように、天空を鷹のように飛んでいく、というイメージをもっていたことである。これはまたギリシャ神話において天空を輝く黄金の馬車で駆けていくという動きをイメージしているのと共通している。これら男性神は天空を駆けめぐるイメージとともに創られているようだ。太陽は、日本のような東端の国以外では、みな動くイメージとして考えられているようである。

しかし天照大神は高天原を動かない。高天原で自分の行動はするが、神自身は天空を動くわけではない。それはなぜか。まずは西洋の他の太陽神と違って、女性であるからだろう。そういえば、天照大神に似たギリシャ神話の太陽の女神デーメーテールも天空を駆けめぐる神ではなく、穀物と大地の神である。支那の少数民族の神話でも、太陽が女性で、月は男性とするところが多い（工藤、前掲書）。福永光司氏によると支那北方の「馬の文化」では太陽を男性と見なしているが、南方の「船の文化」では太陽が女性神として信仰されているし、沖縄の「おもろ」の神話でも太陽神は女性である、という（福永、前掲書）。これら船・海の文化の神話の太陽神が女性であることは、馬や砂漠、広原の文化と異なって、そこに暮らす人々は、太陽が天空をめぐるという現象をあまり重視しないからだろう。

神話ではないが、六〇七年の年記のある有名な《日出づる処の天子、書を日没する処の天子に致す、恙《つつが》無きや》という『隋書』倭国伝に残された、小野妹子が隋の煬帝に差し出した国書の有名な言葉が注目される。この、わが国がまさに太陽の出る処であり、隋は日の没する処である、という言葉は、太陽神があくまで日本に在る、という認識を日本人が持っていたことを示している。煬帝が《蛮夷の書、無礼なる者あり、また以て聞《きこ》するなかれ》と怒ったことも、支那の太陽信仰を無視した意味を汲み取ったからとも言えよう。さらに《東の天皇、敬《つつし》みて西の皇帝に白《もう》す》という小野妹子の答礼の国書にある言葉もまた、天皇が東から上がる太陽神の子孫であることも意味していよう。天皇はあくまで天照大神の系譜にあることが認識されているのである。

既に述べたように、天照大神は盤古神話の太陽と同じく、（伊邪那岐の）左目から生まれた。ところが盤古神話でも支那少数民族の神話でも、鼻から生まれた神、須佐之男命のような存在はない。三柱の神のうち、この日本独特の須佐之男命の物語は、日本神話の鍵なのである。須佐之男は伊邪那岐から海原を統治するように命じられたとき、なぜその命令に従わず、青山が枯山となるまで泣き枯らし、川や海が干上がってしまうほどはげしく泣いて、命令を聞かなかったのか。そのために伊邪那岐は怒って高天原から彼を追放してしまうほどだったのである。

これは須佐之男命がもともと、海に関係の深い出雲族の祖神と考えられることとも矛盾してくる。その理由は、ただ、亡き母の国へ行きたいからと言う。つまり自己の出身地から逆に逃れたいとする心理が働いているようなのだ。追放された後も、高天原の天照大神にぜひ会いたいという。天照大神の方は須佐之男命が襲ってくるのではないか、と警戒する。結局両者は和解して、『古事記』によれば、須佐之男命の太刀から三柱の女神が、天照大神の珠から五柱の男神が生まれる。

須佐之男命は、自分から生まれたのは女神手弱女《たおやめ》ばかりだと言い、それが自らの邪心のないことの証明だとして、自分が勝ちだと言う。なぜかそれで勝ち誇って狼藉の限りを尽くす。天照大神のつくった田の畦《あぜ》を壊し、水路の溝を埋め、大嘗《おおなめ》の儀を行う祭殿に大小便をし散らしたあげく、天照大神が神に奉る御衣を織っていた神聖な機屋の屋根を破って、そこから生皮を逆さに剝《は》いだ馬を投げ込み、驚いた織女の一人を死に至らしめるのである。この行為を見ると、天照大神自身だけでなく、象徴的に農耕に対する敵意と、織業に対する反感が見られることは確かで、そこにことさら場違いの馬の死体が投げ込まれたことは、ここには農耕民族に対する須佐之男命の意識が隠されているようだ。つまり農耕民族に対する馬を扱う遊牧民族の敵意が見られると言っていい。

その乱暴狼藉ぶりを見て、天照大神は天の岩戸にお隠れになる。これによって高天原だけでなく、この世の太陽が消えてしまう。

これまで天照大神が太陽神である、ということが強調されることはなかったが、須佐之男命のこの乱行で、そのことがはっきりとした。すなわち、須佐之男命の行為は、太陽神を否定するという行為と関連している。太陽は何といっても農業神であり、農耕民にとってその恩恵は計りしれない。その重要性が、須佐之男命という、異質の、海を司るはずの神によって冒されたという事態は、この二柱の神の対照性をよく示している。つまりこれまでの須佐之男命の行状から、高天原の農耕民族の長としての天照大神に対して、須佐之男命については、海を渡ってやって来た遊牧民族の象徴として認識するのが正しいように思える。後の中津国に降りた後、出雲における八岐大蛇《やまたのおろち》退治などという荒業も、大陸の遊牧民的な行為で、農耕民のそれではない。

　この須佐之男命のあまりの暴虐に、天の岩戸にこもってしまった天照大神。高天原だけでなく「葦原の中つ国」もすべて闇となってしまったのである。天照大神を外に引き出すため、天宇受売《あめのうずめ》は、胸乳をかき出し、裳の緒を陰部にまで押し下げ、踊り続ける。これは文字通り「神懸かり」のまさに迫真力をもった演技であり、神々を興奮させる。天照大神はそれを見ようとして、思わず岩戸を開けてしまう。

芸術が神の心を動かす

　この行為が注目されるのは、芸術が神々の心を動かしたということである。能楽の世阿弥が『風姿花伝』で述べているように、この天宇受売の踊りこそが能楽の始まりなのであるという（拙著『国民の芸術』産経新聞社、二〇〇二年）。つまり芸術が神話の中で語られており、それが神々に感動を与えたと述べているのである。

　この舞踊が芸術であることは、そのとき天照大神に問われた天宇受売の「あなた様より貴い神がいらっしゃるので踊っているのだ」と答えた言葉にも示されている。フィクションなのだ。他の神が天照大神に鏡を差し出し、天照大神はそこに自分の映っているのに気づかず、訝しむ。こうした劇の進行は、天照大神が人間的な存在として描かれていることを示している。光が甦った後、神々は、《鬚を切り、手足の爪を抜かしめて、神逐《や》らひ逐《や》らひき》という体刑を加え、須佐之男命を高天原から追放した。

ここで思い起こされるのは著名な文化人類学者レヴィ＝ストロースの神話観である。レヴィ＝ストロースによれば、神話はすべて、自然が与える混沌たる事実に知的な意味を与える弁証法の試みである、とし、この試みは不可避的に人間の想像力を二項対立の網にとらえてしまう、という。二項対立（たとえば男・女）は緊張をつくり出し、その緊張は媒介項（たとえば両性具有者）を使って解決されると考えられる、という（レヴィ＝ストロース『構造人類学』一九五二年）。それがさらに、新たに二項対立を生んでその過程が無限に続くというのがレヴィ＝ストロースの理論である。ここで言えば二項対立、つまり天照大神と須佐之男命が緊張をつくり出し、その緊張は媒介項の天宇受売によって解決される、という図式にあてはめられる。

しかし、無限に続くというレヴィ＝ストロースの「神話論理」は、実を言えば日本の神話にはあてはまらないようなのだ。日本の神話では、対立がのちに調和に結びつく。彼の調査対象は北米のプエブロ・インディアンであって、彼自身のユダヤ系フランス人のアイデンティティと何の関わりもない、共感のない文化人類学的調査である。進歩のない閉ざされたプエブロ・インディアンの神話の世界は、発展する日本の神話に適用できないと考えられる。レヴィ＝ストロースは日本に来て、その神話が歴史に連続している、という印象を強くもったとして（「混合と独創の文化」『中央公論』一九八八年五月号）、彼の「神話論理」の《神話の宇宙は閉じている》という理論と矛盾した感想を述べているのである。

高天原から追放された須佐之男命は出雲に降り立つ。『古事記』には「肥の河上、名は鳥髪《とりかみ》の地」に降りたとあり、『日本書紀』には「簸之川上」に降りたと書かれている。これは字こそ違え、宍道湖にそそぐ斐伊《ひい》川のことで、そこの鳥上という山村のことだろうとされている。その上流で老夫婦とその娘が泣いているのに出会い、彼らから娘が恐ろしい八岐大蛇の生贄にされてしまうという話を聞く。須佐之男命は、自ら天照大神の弟と名乗り、八岐大蛇の退治を引き受け、娘櫛名田比売《くしなだひめ》を所望する。そして須佐之男命は八岐大蛇に強い酒を呑ませ、眠り込ませて切り刻んでしまう。その尾から出てきた「草薙の剣」を天照大神に献上し、これが「三種の神器」の一つとなる。

この少女の生贄の話も、南米のアンデス文明の生贄神話を思わせ、八岐大蛇もまた支那の龍や西洋の怪物（「アポカリプス」のドラゴン）などを思い起こさせる。よく知られるのは、ギリシャ神話のペルセウスとアンドロメダの物語で、そこには生贄の話と海の怪物が登場する。このような怪物退治の神話は、バビロニアにおいても、インドにおいても、ヒッタイト神話にも、龍蛇退治として出てくることが知られており、世界各地の神話と同じ性格をもっている。つまり須佐之男命の話は、ユーラシア大陸の放牧民族的な性格をもっているのである。それは同時に、日本人にとって海から渡ってきた異国性をもっていることでもある。これまで随所に語ってきたように、この海洋を司るように命じられた須佐之男命は、海の向こうの国々の神話を日本に持ち込むにふさわしい性格をもっている。一方でその荒々しさが、天照大神を中心とする世界と対照的な出来事として語られることが重要なのである。それが、日本文化を形成する重要な要素である、ということなのだ。

4　海幸彦・山幸彦とは

海と山の争い

序章で既に触れたが、本章の最後に海幸彦・山幸彦の神話を、これまでの話と関連から、簡潔に再掲しておこう。天孫降臨を行った瓊瓊杵尊《ににぎのみこと》の子の、火照命《ほでりのみこと》と火遠理命《ほおりのみこと》がそれぞれ海幸彦と山幸彦と呼ばれる。兄の海幸彦が山幸彦に釣針を貸すと、弟の山幸彦はそれをなくしてしまい、兄はどうしてもそれを返せ、と難題をふきかける。弟はそれを探しに遠い綿津見《わたつみ》の魚鱗《いろこ》の宮（海の中の王宮）に行く。そこで豊玉比売《とよたまひめ》と出会い、結婚する。三年が過ぎた頃、鯛の喉に刺さっていた釣針が発見され綿津見神はそれを、山幸彦に返す。綿津見神はそのとき、呪文のことば等、兄、海幸彦への対処法を教え、地上に帰った山幸彦が言われたとおりにしたところ、兄は弟に服従することを誓ったという物語である。これを海の隼人族の大和政権への服従の神話だ、という解釈がなされているが、もっと大きな意味合いをもっているようだ。

これについてもインドネシアに類似の神話があることは知られている。それは天界の三人兄弟の末の弟が長兄から借りた釣針を失くしてしまい、怒られて船に乗って探しに出かける。喉に針が引っかかって苦しんでいる魚を発見し、釣針を取り戻す。弟は復讐するために、兄の竹筒に酒を満たし、ベッドに固定しておき、兄がそれをひっくり返してしまうと、それを戻せと難題をふきかけ、兄を服従させてしまう、というものである。ただこの神話は、それ自体、兄への復讐譚にとどまっている。

日本の神話にはさらに山幸彦と豊玉比売との別の逸話もある。豊玉比売が妊娠し出産するときに、夫の山幸彦に、自分の姿を見ないように、と懇願する。しかし好奇心を抑えることが出来ずに、山幸彦はそれを見てしまうのである。姫は八尋《やひろ》もある大鰐であった。鰐は日本にいない南アジアの動物である。『日本書紀』には龍と書かれているから、これは支那と関係しているのかもしれない。豊玉比売は怒って、生まれた子を残して海の国に帰ってしまった。豊玉比売はわが子の養育係として妹の玉依比売《たまよりひめ》をつかわし、山幸彦は彼女と結婚し、二人がもうけた子の一人が、後の神武天皇となる。

神話が語るもの

いずれにせよ、この物語が意味するところは、山幸彦、つまり山の人が海幸彦、つまり海の人に勝利するということであり、またその山の人もまた、別の海の女と交わり、その血を受け入れるということである。それがこの神話がインドネシアの神話と異なるところであり、日本の神話の融合性を示している。日本においては山の神たちが海の異国勢力に勝利し、同時にその外国の勢力を包含していく、という日本人のあり方を示していることになる。単なる海の民、隼人族の征服の物語ではないのだ。

このことは、須佐之男命と海幸彦を結ぶ日本の中の異国性の吸収を示している。つまり私は、日本の神話が「天孫民族」と「出雲民族」のような民族的対立（松村武雄説）とか、「大和勢力」と「出雲勢力」の対立（津田左右吉説）を言っているのでも、ましてや「支配＝貴族層」と「被支配＝農民層」の階級対立（肥後和男説）といった対立を言っているのでもない、と考える。天照大神と須佐之男命が協力しあうように、日本の中に現在でも続いている、民族融合の象徴なのである。

日本人の伝統世界と、異質な大陸の世界が混淆し、あるときは一方が優勢で、あるときは他方が有力になり、しかしその双方が刺激しあって融和していく文化形態を、既に日本神話が語っているのである。

それはまた同時に日本の神話の世界性であり、ひいては現代にまで連続する日本人自身の世界性でもあるのだ。

第三章　巨大な天皇陵の時代――神武天皇は実在した

1　神武天皇

実在した最初の天皇

日本の建国者と言われる神武天皇ほど、戦後、多くの学者によって否定的な扱いを受けた天皇はいないであろう。津田左右吉をはじめとして実証主義を標榜する学者たち、唯物論の学者たちが、『古事記』『日本書紀』の記述を疑い、無視したことによって、神武天皇が実在した、という学者はほとんどいない、などと関係書に書かれるまでに至っている。その扱いは、いかにも学問的な態度を装っているものの、出発点は戦後の社会主義思想にあり、天皇制を崩す目的があるのである。万世一系の天皇を、疑うことによって、将来断絶させようとする一念は、まず初代の天皇を否定することにあったと言ってよい。

現実の社会主義国の崩壊によってなくなっていいはずにもかかわらず、神武天皇不在論はあまり変わっていない。しかし、いくらそうしても、それが『記・紀』に書かれていること自体、否定するわけにはいかない。しかもその初代天皇から、現在の第百二十五代まで、立派に継続しているのである。歴史を疑うことは悪いことではないが、無視して放置するだけではなく構築することがなくてはならない。史料の疑義から出発しながら、ただ「権力者」を否定することだけで放置してしまうマルクス主義歴史観が、疑うことのない歴史観として「権力否定」の歴史をつくり、歴史教科書にもそれを定着させようとした。新しい歴史教科書をつくる者も、それを論駁するだけの力がない。あたかもイデオロギーによるものではなく、実証主義の顔をしているからである。初代の天皇であり、万世一系のおおもとである神武天皇の姿は、あたかも「権力者」として最初に否定されるべき人物として、彼らの被害者になったのである。しかしそうした謬見にとらわれず、もう一度『記・紀』を読み返し、また新たな考古学的知見から神武天皇を復活させることが本章の意図である。

異常に長い寿命

疑われる理由は、まずは神武天皇が『古事記』では一三七歳まで、『日本書紀』では一二七歳まで生きられたという、その一〇〇歳を超える寿命の法外な長さに関する子供じみた疑問からである。神武天皇だけでなく、第十代・崇神天皇は一二〇歳か、一六八歳であり、第十六代の仁徳天皇まで、その異常に長いことにより、明らかに架空の存在であるとされている。しかしそのようなことを言えば、『旧約聖書』の「創世記」において、アダムは九三〇歳、その子セツは九一二歳であることを思い出すべきであろう。それに比べると、すべて二〇〇年以下であり、しかも十六代の天皇までである。それが第十七代の履中《りちゅう》天皇から変わり、年令不明だが在位五年であるのをはじめ、その後の天皇はせいぜい長くても在位四十年ほどとなり、その平均の御在位の年数が十年ぐらいとなっている。このことは、この十六代まで特殊な年数の数え方をしていたことを気づかせる。

偉大な初期の天皇が神に近く、そのことを示すために寿命を長く記録した、と考えることも可能であろう。まだ神話の要素を残し、神のように長く生きておられたのだ、と当時の人々のことを思っていたかもしれない。しかしそれでも二〇〇年以下であるということからは、現在の一年を当時は、二年ないし三年と数えていたと考えることも可能であり、実際、当時は春秋を各々一年と数えたとする説は、明治時代以前からなされている。また一年が二歳と数えられたという説は、デンマーク人のウィリアム・ブラムセン氏により、はじめて明治一三年（一八八〇）に指摘されたという。昔は日本人の平均寿命は短く、それに御在位が終身でなかったりするので、安本美典氏のように天皇在位一〇年平均説をとって、神武天皇を西暦二八〇年頃の実在の人物であったと考える研究者もいる。またそれでは短か過ぎるので、一五年位が平均だろう、と考える説もある。そのように考えると、神武天皇の生年は紀元前七、八世紀ではなく、二、三世紀になってくる。

いずれにせよ、この寿命の問題には、紀年の問題がからんでいる。神武天皇の即位された年が、西暦紀元前六六〇年である、としたことにより、十六代目までそれに合わせて年齢を延長した。ということになるからだ。昭和一五年に、ちょうど、紀元二六〇〇年の紀年祭が開かれたが、この紀元節などというのも荒唐無稽だ、というのが戦後の学者の言い草である。しかしこれは既に平安時代前期の文章博士兼大学頭の三善清行《みよしきよゆき》（八四七～九一八）が、斉明天皇七年（六六一）の辛酉《しんゆう》の年から、一三二〇年遡って神武天皇の即位元年にした、と考えていたことが知られている。明治の東洋学者那珂通世氏は中国の古代には「讖緯説《しんいせつ》」という理論があり、陰陽五行説によって天変地異や運命を予言する、という。それで辛酉《しんゆう》の年ごとに大革命（かくめいとは天の命があらたまること）がある、というのである。その年は推古天皇の九年の辛酉《しんゆう》の年、六〇一年に遡って、紀元前六六〇年においた、という説である。最近の考察では有坂隆道氏が辛酉革命《しんゆうかくめい》という説を述べている。神武天皇の即位の年にあてはめたとすると、天武天皇が

『日本書紀』をつくることを決めたのが天武一〇年（六八一）からちょうど一三四〇年前である、とする説もある。あるいは一代の天皇の世をほぼ六〇年として、一四人の天皇を遡らせると、紀元前六六〇年になるという考えもある（安本美典氏）。いずれにせよ、この年代は、国家の紀元を定め、歴史の年代を定める指標として想定されたもので、言い伝えとして成立するものである。それが神武天皇の実在、非実在を決定するものではない。

『記・紀』は正しいか

しかし考えてみれば、今年は二〇〇七年などと言うが、これは西暦で、キリストが生まれた年を元年としたものである。しかし本当にその年だったか誰もわからない。キリストはただ『新約聖書』に書かれた存在で、神武天皇と同じ伝説の中の存在である。ただ「近代」になって、キリスト教の国々が世界を支配するようになり、世界が共通する暦を使った方がいい、というので、我々も使っているにすぎない。こちらの方をあたかも真理のように受け入れておいて、日本の伝説を初めから否定するのはおかしい。伝説は伝説として、その中の本当らしいところを、国民が納得すればいいことなのである。

私は神武天皇が実在し、九州から出て大和を平定された、という『記・紀』の記述は、蓋然性が強いと考える。それは既に大陸の前漢時代（前二〇二～八）の紀元前一〇八年に朝鮮半島に楽浪郡をはじめ四郡が置かれたときから、『漢書』地理志に《楽浪海中に倭人あり、分かれて百余国となす、歳時を以て来たり献見すといふ》と書かれているように、日中の交渉があり、九州はその最前線にあったからである。後漢時代（二五～二二〇）の『後漢書』倭伝によれば、「一〇七年に《倭国王帥升等》が請見を願った」と記されており、外交的接触が続いている。九州の国々が連合体をつくり、支那の侵入に対処していたことが推測される。むろん九州はまた大陸の物資を輸入する先進的な地域でもあった。『記・紀』によると、神武天皇が九州に最初におられたのは、三代前の瓊瓊杵尊《ににぎのみこと》が高千穂の峯に降臨されたからである。もともと『記・紀』には山幸彦が海幸彦を従えてしまう、という物語が語られているように、海の人々を、山の人々が従えるという、日本人の物語の筋書が書かれている。そのことでは神武天皇の父親は山の神山幸彦、彦火火出見命《ひこほほでみのみこと》であるが、母親が海神の娘である玉依姫《たまよりひめ》であることが示唆的である。海からやって来る人々が多い九州を起点に、この高千穂の峯に降臨した神の子孫である彦《ひこ》火々出見《ほほでみ》が神武天皇となり国家を統一するために動きだすことも当然であろう。どうしても外に対して日本を強国にする必要を感じたに違いない。

交易が盛んな九州は、早くから大陸の文明の一端を受け取る土地柄でもあった。青銅器技術が発達し、鉄器やガラス製品が輸入され、造られた。そして、三種の神器と呼ばれることになる鏡、剣、玉が制作されるようになる。これらは九州において造られたものであり、それが古墳時代において大和を中心に伝播していくのである。和辻哲郎氏は、大和朝廷には弥生時代の畿内で祭器として用いていた銅鐸の痕跡を示す祭祀や伝承が残されていないのに、九州の鏡、剣、玉が尊崇されるのは、九州の勢力が畿内の先住民を制圧したからだ、と述べているが、それは正しいと思われる。氏はそれが二世紀のことだと述べている（和辻哲郎『日本古代文化』岩波書店、一九五一年）。

海の使者でもある塩土老翁《しおつちのおじ》から《東に美《よ》き地あり。青山四周《あおやまよもにめぐ》れり》と聞かされ、まさに新たに東の山人の世界、つまり「やまと」の征服を目指すことになる。神武天皇は、兄と皇子たちに次のように述べたと書かれている。《塩土《しおつち》の老翁《おじ》が「東によい地がある。青い山が、四方をめぐっている。その地に、磐《いわ》のように堅固な船にのり、高天の原から下ったものがいる」と知らせる。「その土地は広く統治を行い、天下にのぞむものにふさわしいであろう。天地《あめつち》の中心の地、高天の原から下ったのは、饒速日命《にぎはやひのみこと》であろう。行って都とすべきではなかろうか」》（宇治原孟訳）と。そして海の道をたどって大和に向かうことになったのだ。神武東征である。

天皇は東に向かう途中で多くの海の人々に出会い、彼らを従えて進軍する。ただ『日本書紀』によると、生駒山を越えて大和に入ろうとしたときに、強い長髄彦《ながすねひこ》の勢力に阻まれる。そのとき神武天皇は次のように言った。《我は太陽の神、天照大神の血を受けたものである。今、太陽の方向に向かって賊を討ったのは、天の道に、叛くものである。帰り、退こう。天神地祇《ちぎ》を祭ろう。太陽を背とし、日の光の射すとおりに、襲い討つのがよいであろう。かくて、刃《やいば》を血ぬらすことなく、賊は、破れるであろう》と。

それで彼らは迂回し、天照大神が差し向けた八咫烏《やたがらす》（大きな鳥）に先導され戦いをすすめることになる。海から熊野に上陸して、太陽を背にして、長髄彦の勢力と戦い、これを討った。頑強な長髄彦は、堅固な城塁をつくったようで、現在でもその跡が残っている。このような神話で語られる勝利の戦いも、実際にはもっと困難なものであった。しかし天照大神から伝わった正統性とその庇護が、神武天皇の力になった。

2　神武天皇の墓から発した古墳文化

このようにして神武天皇は橿原宮で即位するのである。橿原の地は畝傍山麓にあり、神武天皇は《山林《やまばやし》を披《ひら》き払ひ、宮室《おほみや》を経営《おさめつく》りて》この地を日本の中心にするのである。ここはもともと大和盆地の祭祀の場所であり、樫の木の生い茂る聖なる土地であった。縄文晩期から弥生時代にかけての複合遺跡が発掘され、夥しい土偶の破片が発見されている（『橿原市史』一九八七年）。辛酉《しんゆう》年の正月一日が即位日とされ、それが明治に入り、太陽暦に換算されて紀元節として定められた、二月一一日が現在の建国記念日となっている。この辛酉年は、西暦一八一年であることが想定される。それは三世紀から盛んにつくられる古墳文化の先駆けとして、神武天皇の墓があるからである。

墓の存在の重要性

私は神武天皇の存在については、その墓の存在に注目しなければならないと考える。その人物墓があらわれることは、まずはその人物の生きた存在の証になるからである。神武天皇の陵については、まず『古事記』では《畝火山の北の白檮《かし》の尾の上にある》と書かれ、『日本書紀』では《（神武天皇を）畝傍山の東北の陵にほうむった》と記されている。この墓陵が存在したことは、『日本書紀』の天武天皇元年（六七二）七月の条に《神武天皇陵に、馬および種々の兵器をたてまつれ》という記述があり、それが橿原の今井町付近であることが理解されている。つまり六七二年頃に、神武天皇陵が存在し、人々はそれがどこにあるかわかっていたことを示している。また九七二年の平安時代の『延喜式』に、その領域は

《東西一町（約一〇〇メートル）、東北二町（約二〇〇メートル）》と記されている。それが明らかに存在していたことを記しているのである。

そして現在は、神武天皇の陵は橿原市大久保（旧字名ミサンザイ）に存在している。ところがその墓陵は一八六三年の「文久の修陵」の際に定められたものであり、谷森善臣などの説によって位置づけられたものである。この神武天皇陵は東西約五〇〇メートル、南北約四〇〇メートルの広大な領域を占め、『延喜式』の記述の大きさと一致しない。しかも《畝火山の北の白檮《かし》の尾の上にある》という『古事記』の記述とも異なって、尾の上ではなく、平野にあるのである。紀元二六〇〇年紀念に神武天皇陵が拡張されたのだといわれるが、文久年間の修理でも二倍ほど大きかった。つまり「文久の修陵」の際の神武天皇陵の位置も大きさも、誤っていた、と言わざるをえないのだ。

神武天皇陵の候補地は他にある。それは畝傍山の中腹の丸山で、江戸時代の学者、本居宣長や蒲生君平、竹口英斎、山川正宣などが支持した場所である。この説は、『古事記』の記述に適い、白檮《かし》の尾の上にあるのである。丸山は尾根の上にある。谷森善臣はこれを白檮尾《かしお》の上にある、と解釈し、山の上ではない、と理解したのであった。これは誤りであることは、現存する最古の完本である大須宝生院蔵本（真福寺本）を底本にして校訂した『古事記』（日本思想大系、岩波書店版）にも、『古事記』（西宮一民校注、新潮社）にも、《白檮《かし》ノ尾ノ上》とあり、《白檮尾《かしお》の上》とはなっていない。谷森説を誤りとしているのは明らかである。だいたい実際に、白檮尾《かしお》という土地は存在しないのであり、この解釈は誤りであったというほかはないのである。本居宣長も『玉勝間』で、大和の国疋田村の某の説をあげて、畝火山の北の方に鼠の尾のようにつきでたところがあり、それを御霊山という。そこが神武天皇陵であろう、と言っている。

墓は間違っていた

現代の神武天皇の墓陵地が間違いであったことは、この天皇が初代天皇であっただけに、大きな錯誤をもたらした。神武天皇陵が、その後造られる、前円後方墳（前方後円墳とふつう言われるが、前部は円の方であり、そこが中心となるものなのでこのように呼ぶ）の巨大な墳墓時代のさきがけ、と見なされない原因をつくり出したからである。もしそれが丸山であれば、前円部に小高い山を造る前円後方墳の先例として理解できるのである。

調べてみると、この丸山が神武天皇陵であったことの証拠は、「文久の修陵」の前の江戸時代においてさえ、存在していたのである。江戸時代の蒲生君平は一八〇八年刊の『山陵志』で、丸山の近くの「洞村」で、《相伝うるに、その民はもと神武陵の守戸なり。およそ守陵の戸は、みな賤種、もと罪隷をもって没入したる者は、郷人に歯《なら》ばず》と記し、洞村の民が神武天皇陵の守人たちだった、と書いているのである。

洞村が、神武天皇陵が畝傍山の東北の尾の上で、丸山宮址とも、生玉神社とも伝えていた（菊池山哉『長吏と特殊部落』東京史談会、一九五三年）。そしてその丸山の宮址が、径二五間（約四五メートル）の平地で円形をなし、その中心が、径三間（約五・四メートル）ぐらいで、こんもりと高く、昔は松の木が繁っており、その上を通ると音がして、池のところとは変わっていた、と述べていた。

この記述によると、明らかにその部分が、のちの前円後方墳の前円のもとになっている、と見ることができるのである。事実、安政二年（一八五五）の「新旧御陵見取図」によると、その丸山が、少なくとも円墳のような姿をしており、また同じ年の山川正宣の「神武帝陵改正図」の図を見ても、丸山は、前円部にあたる山の形をしており、その前に木々が後方にあたる部分のように平坦に並んでいる（いずれも後藤秀穂『皇陵史稿』所有の図による）。

また江戸時代の津久井清影（一七九四～一八五七）の『聖蹟図志』には、神武天皇陵が畝傍山の東北陵の丸山に描かれている。そこには、前円となる小高い丸山とそこに至る鳥居と階段が描かれており、いかにも前円後方墳と似た地形をとっている（安本美典『大和朝廷の起源』勉成出版、二〇〇五年）。

「卑弥呼」の虚構性

大陸の中国では三世紀初めに後漢が滅んでから、国々が分裂し勢力が弱まっていた。中国の歴史書で「倭」と呼ばれていた当時の日本については、唯一『魏志倭人伝』と呼ばれる史料が日本でも知られているが、日本の『記・紀』を信用せず、この書だけを学者が熱心に論議しているのは、本末転倒と言うほかない。邪とか卑という漢字を用いた蔑称で述べ、《鬼道につかえ、よく衆を惑わす》などと、この女性を低く見ようとしているのは明らかで、日本の神話との関連性が見出せない。天照大神などを予想する学者もいるが、共通性があるとは思われない。いったい「邪馬台国」がどこにあったか、「卑弥呼」がどのような女性であったか、いくら検討しても、いまだによくわからないのである。

私は、神武天皇の実名である「ヒコホホデミノミコト」が「ヒミコ」ととられ、それがこの国の中心的な神である天照大神が女性であることと混同され、奇妙な物語がつくられた、と推定している。その記述に信用がおけないもう一つの理由は、同じ時代の古墳が多く出土している現在、ヒミコに関わるこれと対応するものが見つかっていないことである。よってヒミコは、神武天皇より、その存在性は薄いと言わなければならない。

ただこの『魏志倭人伝』を受け継いだ『後漢書倭伝』に、《桓・霊の間（一四六〜一八八）、倭国大いに乱れ》と記され、『梁書諸夷伝』には《漢の霊帝光和中（一七八〜一八四）倭国乱れ》と書かれているのを見ると、この時期に神武天皇の東征がなされ、大和統一があった、と考える可能性は与えている。そしてまさに神武天皇の即位の年、辛酉年がその時にあたるのである。

さらに昭和四十年（一九六五）、福岡県前原《まえばる》市で有田平原遺跡が発見され、方形周溝墓から銅鏡が四〇面も出土した。同じくそこから出土した割竹型木槌や、九州に発見された鏡、剣、玉が、大和で「三種の神器」となっていくことにより、神武天皇が九州から出て、それがその後の墳墓文明をつくりあげる基礎ができていたことが明らかにされた（原田大六『邪馬台国論争』三一書房、一九六九）。

箸墓古墳は全長二八〇メートルもあり、わが国最初の巨大前円後方墳とされるが、これは、三輪山の神の妻になった第七代孝霊天皇皇女、倭迹迹日百襲姫《やまとととびももそひめ》のために造られたものである、と崇神紀は伝えている。これは神武天皇と第十代の崇神天皇の間の時代であるが、実際の天皇陵でもこの崇神天皇の代から前円後方墳が造られたとされている。それは天理市の柳本町にあり、全長二四〇メートルの巨大な前円後方墳である。このような墓が、神武天皇の丸山＝前円として造られた墓から、発展していったと考えることができるのである。

最初の前方後円墳といわれる纒向《まきむく》遺跡が、やはり円墳形から始まっていることはそれを裏づける。径約六〇メートルの前円部に短い撥《ばち》型の後方部がついており、全長九六メートルである。これが前円後方墳に発展するものであろう。この纒向遺跡は築造年代は二二〇年頃と言われるが、箸墓古墳はさらに遡る年代であろう。三世紀前半までに吉備、出雲、丹後、大和など大型墳墓が造られている。

同じ纒向遺跡でも勝山墳墓は二〇三～二一一年であるとされているし、ホケノ山墳墓でも二三五年まで造られている。最古の箸墓前円後方墳も三世紀中頃に築造され、ちょうどその頃は「卑弥呼」の時代なのだが、それと関係づけられる資料は何も出ていない。

3　天皇陵文化の時代

神武天皇の大和統一を期して、それぞれの地方で割拠していた氏族たちが共通の祖霊信仰で結ばれ、日本で古墳文明と呼ばれる時代が始まったと言ってよい。それは世界にも類例のない巨大な墳墓の時代であった。

前方後円墳の起源

神武天皇が統一したあとの大和地方で古墳が造られたことは、箸墓古墳が明らかにしている。大和（奈良県）や河内（大阪府）にひときわ巨大な古墳が造られた後、日本全国で古墳が造られるようになり、現在の鹿児島県から岩手県まで日本中、一〇万基以上もできたのである。前方後円墳だけでなく、円墳や方墳、上円下方墳などいろいろな形をした古墳も造られた。人々はこうした祖先の墓を築造することにより、天皇家につながる氏族のものを中心に、地域の豪族たちが連合して、大和朝廷と呼ばれる政府を支持していったと思われる。神武天皇による大和征服の後、この地に歴代の天皇がおられたことを証《あかし》だてている。

前節で、神武天皇の墓が、前部に丸山、後部に里に及ぶゆるやかな通路をつくることによって前円後方墳をつくっていく原型になったと述べたが、定型化された前円後方墳では、円の部分がまるで山のように盛り上がり、方形の部分はそこに至る里のように造られている。円の部分が高く盛り上がり天に向かっている山は「高天原」を想起させ、方形の部分は大地を表し「葦原《あしはら》の中国《なかつくに》」と呼ばれるこの世を思わせる。このように死者の御霊を大事にするのは、神武天皇が死ぬと神になると人々が信じたことからである。そこにこの天皇を神武と名づけた理由があるように思われる。これが皇祖霊信仰のもととなり、一般の御霊信仰とともに、神道の基本になるものである。

このような天皇の御霊を讃える巨大な墳墓は、三世紀中頃から七世紀頃まで造られたが、前円後方墳の形は全国で一貫しており、既に日本人の統一した信仰形態があったことが理解できる。これは氏族という共同体の人々のその長に対する祖霊信仰からはじまる皇祖霊信仰と予想できる。この前円後方墳は中国にも朝鮮半島にもない、全く日本独自の建造物である。韓国の慶州には豪華な副葬品を出土した墓が多くあるが、まず平らな地面に掘り窪めて、遺体を埋葬し、盛土をするものの、そこは小さな山のようにはならない。中国でも盛土に墓穴を掘るのではなく、地面を掘って埋葬し、その上に盛土をするので、日本のものと全く異なるのである（本書第四章）。

今では多くの古墳が埋もれてしまい、航空写真で見ると、こんもり緑に覆われた鍵穴型の島のようにしか見えないが、当時のように側面から見られたなら、その前円部が、小山のような高い起伏のあるものであるとわかるだろう。つくられた当時は四段（西殿塚古墳）とか、五段（箸墓古墳）と高くなった表面に石が敷きつめられ階段状の山のようになっていた。その周りや頂上には死者にまつわる人物・家屋・馬などをかたどった埴輪《はにわ》や円筒形の埴輪が並べられて、見事な造形性のある墓を形成していた。

埴輪には、あどけない子供や武人、そして家などが作られ、素朴だが、より具体的な形で、この時代のさまざまな様相を伝えている。円い部分の中に石室の中には死者の棺だけでなく、「三種の神器」となる鏡、剣、玉といった九州から伝えられたもの、それに馬具・農具などが納められていた。

墓から出てくる鏡の中には、三角縁神獣鏡と呼ばれるものがある。中国から送られてきた銅鏡だと思われていたが、中国には同じものは一つも発見されていないことから、日本でつくられたものとされている。三角の縁が何を意味するのか、余り意味を問う人はいないが、これは横から見ると、山を象徴していると考えられる。山というものを崇《あが》める思想が根底にあると推定される。裏面に刻まれた像の中には羽根をつけた天使のような姿もあり、山の人＝仙人を表すものであろう。ここにも墳墓の形（「山」）と関連する信仰があるといってよい（本書序章）。

『日本書紀』は初代神武天皇を「始馭天下之天皇」と書き、第十代崇神天皇を「御肇国天皇」と記し、同じように「はつくにしらすすめらみこと」と呼んでいる。つまり最初の国を「知らす（お治めになる）」天皇が二人いる、ということになる。もっとも『古事記』の方には神武天皇には特別な称号はなく、崇神天皇だけ「所知初国之御真木天皇《はつくにしらししみまきのすめらみこと》」と呼んでいる。いずれにせよ神武天皇が「天下」を「しらしめた」のに対し、崇神天皇は「国」を知らしめたという解釈がされている。この二人の天皇が特別な存在であったことは継体天皇二四年（五三〇）の詔に《磐余彦《いわれひこ》の帝《すめらみこと》・水間城《みまき》の王《きみ》より、皆、博物《ものし》れる臣、明哲《さか》しき佐《たすけ》に頼る》と述べられていることでもわかる。磐余彦の帝＝神武天皇、三間城の王＝崇神天皇の二人が皇統の中で、聖帝であったのである。最初の前円後方墳が崇神天皇のそれとして認定されているのも、それゆえであろう。

仁徳天皇の絶大さ

日本最大の十六代の仁徳天皇陵（大仙古墳）の底辺部は、エジプトでも最大のクフ王のピラミッドや秦の始皇帝の墳墓の底辺部よりも大きいものである。全長四八六メートルもあり、二重に濠がめぐらされている。一日二〇〇〇人の人が働いて、一六年もかかる仕事と言われ、人々が協力して古墳を造ったことがわかる。この巨大なものを造る技術力が、まだ文字がなかった時代にあったことは驚嘆すべきことである。祖先信仰だけでなく技術もまた口誦で伝えられていたのである。これが仁徳天皇のお墓に結びつけられたことは、以下のような『古事記』の記述からうなずける。

仁徳天皇は人々からたいへん慕われていた。まだ「天皇」という文字は使われていなかった時代だが、「すめらみこと」、「おおきみ」などと呼ばれていた。「大王」とか「王」といった文字にあたると学者たちは言っているが、それは後のことである。仁徳天皇は《私が高台にのぼって遠くを望み見ると、煙が、国の中にあがっていない。思ってみると、百姓が非常に貧しくて、家で飯を炊く者がいないではないか》と言われた。《いまより以後、三年のあいだ、すべての課役をやめ、百姓の苦しみを除け》と命じた。《この日より、天皇の御衣服やお履物が、敗れて駄目になってしまうまでは新調をせず、御飯やお吸物が、酸味を生じて食べられなくなるまではとりかえないことにされた》のである。

その後三年を経てから高台にお立ちになり、はるか遠くをご覧になって、《百姓が豊かになった。天皇をほめ讃える声が満ちて、飯を炊く煙がさかんにたちのぼるようになった》と述べられた。しかしすぐに中止していた宮殿の修理の労働を課すのではなく、さらに十年待って、はじめて課せられたという。

そのときは百姓はみずから進んで働き、期日よりも早く完成した。《そもそも天が君（天皇）を立てるのは、まったく百姓のためなのである》と述べられて、天皇という地位は、既にこの時代から人民に奉仕するものだ、という考えができていたことを示している。権力者は人民を搾取するものだ、などという考えかたは、近代になって勝手に作られたイデオロギーにすぎない。

このような古墳時代、国内が統一されると、日本は外交的にも強力となり、日本人は鉄資源を求めて、朝鮮半島南部と交流をもっていた。この頃、朝鮮半島の北部で高句麗が強くなり、南部では百済や新羅が台頭してきた。高句麗は四世紀初めに、中国領土の一部を改め、半島南部の新羅や百済を支配しようとした。百済から日本の大和朝廷に救援を求めてきた。四世紀後半、大和朝廷は海を渡って朝鮮に出兵した。そして半島南部の任那《みまな》（加羅ともいった）に拠点を築いたと考えられる。五世紀前半、四一四年に建てられた高句麗の広開土王（好太王）の碑文に、百済を助けて高句麗とはげしく戦い、遠く帯方郡の故地にまで進出したことが記されている。

第四章　「神道」としての古墳文化

1　巨大文化をどう見るか

「世界の驚異」の古墳

墳墓としても世界最大の規模をもっていることだけでなく、独特の形象をもっている日本の古墳とその文化ほどまだ評価の不十分なものはない。「世界の驚異」と言ってよい、前方後円墳の一つでさえも「世界遺産」に登録されていないばかりでなく、それが日本人の独自の巨大文化として、国民に親しまれていないのである。このことは、いかにこの時代の文化が、構想力のある歴史家によって評価されてこなかったかを示している。前方後円墳の形象的な意味ばかりでなく、これほどの巨大さを建設しつづけた日本の文化国家としての創造性そのものが考察されていないのである。ここで日本国家の統一の基礎ができあがったと考えられるばかりでなく、日本人の文化力、精神力も確固としたものになっていたはずである。

全国で二五万基とも三〇万基とも言われる墳墓の数、長さ一〇〇メートルを超える巨大な前方後円墳が三三五基以上もあり、なかには二重三重の濠に囲まれた長さ四八六メートルの仁徳天皇陵（大阪府大山古墳）があることは、よく知られている。その規模の大きさは、現代の一〇トントラックで二五万台分に相当し、その体積は一四〇万立法メートルになる、という。それを古代工法から推測すると、一日約二〇〇〇人が働いて一五年八カ月もかかると計算されている。現代の貨幣価値に換算すればおよそ八〇〇億円で、関西国際空港の土木工事に匹敵するという（大林組『復元と構想――歴史から未来へ』東京書籍、一九八六年）。奈良時代の戸籍台帳に基づく八世紀の人口は、約六〇〇万人という推計がある（澤田吾一『奈良朝時代民政経済の数的研究』柏書房、一九七二年）が、その前の時代であるから、およそ四〇〇万～五〇〇万人位と推定される。延べ一五〇万人が参加したとすれば、膨大な協力体制が想像できるはずである。

こうした数の上での驚異よりも、一つの墓のために人々がいかに精神を傾注したか、その人物にいかに敬愛と情熱を感じたかについて、歴史的に検討されなければならないのである。これを専制権力がないと不可能だ、と考えるのが、戦後の歴史家の常だが、強制でできる仕事ではない。とくにそれが大王＝天皇のためであったにもかかわらず、戦後の歴史家は、天皇の名を忌避し、それを天皇陵として認めたがらないし、ここにその発生を見定めようともしない。

日本の古墳の独自性

この前方後円墳をはじめとして、日本には前方後円墳、円墳、上円下方墳、方墳、柄鏡式古墳など形が八種類以上もある。これら墳墓の形は中国から来たものではないし、新羅、百済、伽耶、高句麗などにも存在しない。それらの地域ではせいぜい円墳しか見出されない。その大きさも新羅の長さ一二〇メートルが最大で、百済のものは一〇～三〇メートルしかない。日本には埴輪や葺石段築があるが、そうした外部装飾は朝鮮にはない。濠も日本では一、二重にもあるが、朝鮮には全くないし陪塚もない。

つまりどう見ても、この古墳の形も縄文、弥生から続く日本固有のものである。こうした古墳の世界的な重要性から比すると、世界史でも一番遅れた研究分野と言ってよいのではないか。南米、アフリカなどの僻地の文化遺跡ならまだしも、先進国日本で、このような状態にあるのは、知的探求力の停滞と言ってよい。こうした日本の巨大文化が、日本人のどんな精神、思想、宗教によって造られたのか、明確に見据えていかねばならない。

これらの古墳文化に対して、この時代に文字史料がないところから、唯一とされる『魏志倭人伝』に拘泥しており、ますます現実と乖離するのである。むろん天皇陵研究を許さない宮内庁の臆病な保存態度は問題であるが、想像力を欠いた研究者の態度は、いまだに、この時代の文化史を日本の歴史における影の時代にとどめている。そのことに強い不満を感じざるをえなかったことが、本章執筆の発端である。

2　『魏志倭人伝』の虚構

死者の霊を祀る

まずこの墳墓文化には、偉大な死者の霊を祀るという基本的な態度があり、それは明らかに、死者の御霊への信仰であり、「神道」が基本となっていると認識しなければならない。死者は神になるという思想である。それは仏教が日本に輸入されたとき、死後の「輪廻転生」よりも「ほとけになる」という言葉を生み出した日本人の「神道」的な心のありかたを表している。現在、天皇陵と言われる古墳にすべて鳥居が立てられ、神社と考えられているのもそれを示している。

そして日本の「神道」は『日本書紀』や『古事記』に語られるように、皇祖霊信仰とともに、この濠に囲まれた島づくり、山づくりそのものに、明らかに自然信仰が重なっていることを見なければならない。こうした事実から、これら古墳文化は神道文化の創造物として考えられる必要がある。しかしこれまで、そうした考えが、あまり主張されなかったのは、なぜであろうか。

それはひとつに『魏志倭人伝』の存在があるからである。そこに描かれる日本人の風景が、神道とかけ離れた書きかたをされているからだ。王となった卑弥呼は《鬼道につかえ、よく衆を惑わす》と書かれている。本居宣長が『馭戎慨言《ぎょじゅうがいげん》』において、卑弥呼が信じる「鬼神の道」を、古代の神道と解したことは知られているが、内容は定かではない。学界でも一般的なシャーマニズムという程度に理解されてきたが、最近、「鬼道」とは歴史的に具体性のある道教の一派の名前だという説が出ている。

重松明久氏の指摘によると『魏志倭人伝』の著書である陳寿は、卑弥呼と中国五斗米道第三代張魯が、ともに「鬼道」につかえていると述べている（重松明久『古墳と古代宗教』学生社、一九七八年）。「鬼道」という言葉は、魏、晋代の歴史書の『華陽国志』などに見えており、後漢末の道教教団を二分する宗派名であったという。同氏は『邪馬台国の研究』（一九六八年）の中で、「鬼道」とは、符《おふだ》と呪《まじない》水《みず》を用いて、病気その他の諸種の災害をひきおこす死霊としての鬼を撃退することを主眼点とする宗教である、と述べている。しかし卑弥呼は《鬼道につかえ、よく衆を惑わす》というのだから、それに民衆は戸惑っており、卑弥呼の「鬼道」が人々に必ずしも受け入れられていなかったことを示唆している。

邪馬台国の女王卑弥呼の墓は《径百余歩》と書かれ、長さについては諸説があるがせいぜい径五〇メートルもない円墳と考えられ、当時の日本の王としての古墳の大きさがあったとは考えられない。別のところでも、人が死ぬと墳墓などつくらず、ただ《封土して冢《つか》を作る》などと書かれており、古墳時代と対応しない。これは道教というものが、形式主義を排除しており、倹約を尊ぶ建前から、埋葬にあたっても、薄葬主義を強調していることと対応するものと考えられる。「鬼道」は巨大な前方後円墳と矛盾する考えである。

たしかに『日本書紀』の「神功皇后紀」三十九年・四十年・四十一年条および六十六年条に『魏志倭人伝』について分注で触れ、《三十九年、魏志に云はく、明帝の景初の三年の六月、倭の女王、大夫難斗米等を遣して、郡に詣りて、天子に詣らむことを求めて朝献す。太守鄧夏、吏を遣して将て送りて、京都に詣らしむ》とある。『魏志倭人伝』を読んでいるが、それを正史の中にくりこむことができず分中で語り、倭の女王という名だけを使っている。神功皇后を倭の女王として、卑弥呼と同一人物と見なしているのである。

ところが、神功皇后は、卑弥呼の時代から約一〇〇年後の人物である。神功皇后紀五十二年に、百済から七枝刀献上の記事があるが、この実年代は『百済記』を基準とすると三七二年である。そして奈良天理の石上《いそのかみ》神宮に所蔵されている七枝刀の銘文には、泰和四年（三六九）に造ったと刻まれており、『魏志倭人伝』の年代と一〇〇年以上もずれてしまう。これでは神功皇后を卑弥呼と受け取ることは誤りであり、すでに『日本書紀』の段階で、この倭の女王は、宙に浮いていたことになる。

同時代に造られた

これまでこの邪馬台国は、古墳時代以前、すなわちそのような墳墓は存在しないときの国である、と考えられてきた。しかし卑弥呼が死亡したのは、三世紀中頃（二四七〜二四八年）、すでにその頃、日本では大型墳墓が沢山つくられていたことが判明している。奈良県の纏向遺跡が二世紀の後半（一七七年）に作られたことは、年輪年代法からも明らかにされ、二世紀後半頃から三世紀前半頃までに、吉備、出雲、丹後、大和などの諸地域で大型墳墓がほぼ一斉に登場している。同じ纏向墳墓群にある勝山墳墓の年代も、二〇三〜二一一年であるし、ホケノ山墳墓も二三五年までに造られているとされる。全長二八〇メートルもあり、最古の本格的な前方後円墳として知られる箸墓古墳も、三世紀中頃造られ、後円部は五段築、周濠を有し、その巨大さを確立している。

『魏志倭人伝』には、魏朝から卑弥呼への贈り物として《銅鏡百枚》とあり、これは古墳から発見された三角縁神獣鏡とされてきたが、実際の三角縁神獣鏡は出土数が五〇〇を超え、これらが出土する古墳は三世紀ではなく四世紀以降のものとされている。また三角縁神獣鏡は中国では一枚も発見されていない。『魏志倭人伝』信仰の学者はひたすらその発見に望みをつないでいるのだが、それは滑稽なことだ。後に検討するが、そこに刻まれている図様は、まさに日本的なものである。

ともあれ『魏志倭人伝』は、まさに研究者たちを「惑わ」せてきた。とくに戦後、過去を否定的にみたい日本人学者により過大評価されてきた。この時代を遅れたシャーマニズムと見て取りたかったのである。天皇陵の名をすべて取り去ったのも戦後である。だが相変わらずこの邪馬台国がどこにあるか九州説、大和説など合い乱れて議論されているし、対馬など朝鮮に近いところを除くとでたらめな記述が多いことも、認識されている。中国の歴史書は信頼すべきだという、日本人学者の妙な信仰が、この不正確な記述を金科玉条としてきたことを、ここで反省しなければならない。不正確なものは信じるに足りないのである。それよりも、古墳自身の形象をしっかりと観察し、そこから全体の構想を作り上げていくことが必要である。

3　古墳文化と「神道」

「神道」の具体的表現

『魏志倭人伝』の「鬼道」が、前方後円墳の文化とは関係のないものであることは、これで明らかになったが、このような古墳文化が、神道のそれであるということを説く前に、それ以前の日本の古墳について述べておく必要があるだろう。すでに弥生時代にその証拠となる古墳が存在しているのである。それは平原弥生古墳のことである。

原田大六氏は『実在した神話——発掘された「平原弥生古墳」』（学生社、一九六六年）で、ここに伊勢神宮の八咫鏡と似た仿製の内行花文八葉鏡四面が発見されたことを伝え、またこれを古墳時代の先駆けとして位置づけている。墓の周囲に鳥居のものと考えられる柱穴が発見され、被葬者が鳥居を立てて、神として祭拝されたことを指摘している。鳥居は殯宮と墳丘上に計三つあった。木棺の方向は、西側の鳥居から拝めば、ちょうど東の日の出の方向の日向峠に向かっており、他の鳥居は、高祖山の方向を向いている。この高祖山が山として神聖化されていたのである。その日向峠寄りの山が槵触《くしふれ》山で、これは神話に「高千穂にくしふれの二上峯」などと言われ、まさに天孫降臨説話の形がここにある、と指摘されたのであった。津田左右吉から始まった戦後の神話否定の風潮に対し、この発見は、この時期から神話を予想させる日神の存在と、大和のもとである「山人《やまと》」の由来をすでに語っており、意義深いものである。

この古墳は長方形に近く、縦四メートル、幅三メートルの墓坑内に、割竹型をした約三メートルの長さの木棺のあとが残っている。その周辺に幅約一・五メートルの周溝があり、封土は高さ約三メートルあるという。この形は小規模ではあるが古墳の形をしており、すでに古墳時代の幕開けを予告している。副葬品も多く、鉄素環頭太刀一振の他、管玉、勾玉などの玉類一〇〇〇個以上が出土した。特に鏡が計四二面も出土した。舶載鏡は方格規矩四神鏡三五面、内行花文鏡一面、四螭《しちきょう》鏡一面、以上三七面あり、ちょうど漢代中期から後漢の前半のものと考えられ、これにより弥生時代の年代が設定できる。仿製鏡五面のうち、内行花文八葉鏡四面は、原田氏により弥生後期のものとして八咫鏡に比定されている。

死者のために立派な墓を造り、その霊を祀り続ける、という「神道」の基本は、まさにこの古墳によって形をなしているのである。これだけでなく紀元前三〇〇年から紀元前一〇〇年頃にかけての弥生期に、北九州には石囲墓、支石墓、箱式石棺墓、甕棺墓などの墓が造られていたことが知られている。祖先の死に直面して日本人は祖霊信仰を生み出し、それに従って墓をつくった。死をめぐる人間の思惟は逆に生を活気づけ、日本列島各地で前方後円墳を中心に、墳墓を築造していった。まさに古墳時代は、生あるものが、死者に対し最大の敬意をもっていた時代であった。それは「神道」がまず祖霊信仰であることと密接に関係している。

「神話」に語られる古墳

ところで前方後円墳という名は、江戸後期、蒲生君平が「天皇陵研究」を行い、前方後円墳の名を使った後、一般化されるようになったものである。宮内庁の陵墓および参考地遙拝所などの説明に引用されるようになった。しかし蒲生は前方後円墳をその形から宮車に見立てていたのであり、「宮車形古墳」とでも呼んでいいものであった。前方後円というが、円の部分に棺が置かれ、一段高いのだから、前円後方墳と言っていいものである。

だが、この前方後円墳の名称が固定化され、円と方形を組み合わせたもの、という意味で道教に結びつけられるようになった。中国では円は「天」であり、方は「地」を象徴するというのである。しかしなぜ、この前方後円あるいは鍵穴形の墳墓が、三世紀半ばから七世紀初頭までの約三五〇年ほどの間に、東北から九州まで日本列島に、約五二〇〇基も築造されたのであろうか。

日本の神話と歴史書でもある『古事記』『日本書紀』は、この古墳の時代の最後の時期に編集されたものである。その記述は、この古墳を理解する上でまず基本的な文献でなければならない。巨大墳墓のような土木事業を成すには、ある基本的な、国土への宇宙的な認識がなければならない。この『記・紀』では、天と地の関係を次のように言う。

むかし、天と地とがまだ分かれず、陰と陽ともまだ分かれていなかったとき、この世界は混沌として鶏の卵のように形も決まっていなかったし、また、それはほの暗く、広くて、物のきざしはまだその中に含まれたままであった。やがて清く明るい部分はたなびいて天となり、重く濁った部分は滞って地となった。しかし、清らかでこまかいものは群がりやすく、重く濁ったものは固まりにくいものである。だから、天がまずできあがって、地はのちに定まった。そうしてのちに、神がその中に生まれたもうた。

（『日本書記』第一、神代、口語訳）

前方後円墳のもっとも基本である円と方形は、当然、このような天と地をあらわすものであり、それはこの記紀に記されている神の誕生と関係するものと考えることができる。この天と地の概念は、道教から来たものと言われるが、しかしこれは神がその中に生まれたことによって、日本的な概念となる。それを神道的概念と言ってよい。

『記・紀』では自然の諸現象は神化され、生あるもの、生なきもの、ことごとく神であり、また神々の生んだ子である。日と月とのみが神であるのではなく、山も川も木も神である。まずこのような墳墓の形を作り上げる発意において、それは自然を象徴するものであり、神が宿る場所でなければならない。そこに存する人間が死によって神となった、そのことを盛大に祀る場所が、この墳墓でなければならないのである。

しかし、これは英語では鍵穴型（Keyhole-shaped）とされ、必ずしも、円形はともかく方形は一定していない。その形からさらに「男女の交合」とか「女性」を象徴しているという説さえ生じている。古墳の種類からいえば、前方後円墳だけでなく前方後方墳、円墳、上円下方墳、柄鏡式古墳、双方中円墳、八角墳、方墳、帆立貝古墳など多様である。前方後円墳の神話的な背景は『記・紀』の記述で予想できるが、しかし考えてみれば、この形態は、あくまで航空写真による墳墓の形である。そして現実には古墳はそのように高い位置から見下ろすようにはできていない。

目立つところにある古墳　実を言えば、前方後円墳は、決して見下ろす場所でなく、逆に見上げるか、横から見る視野の広いところに造られている。さらに前方後円墳は、人里離れたところや、山奥に目立たないようにひっそりと造られていることはめったにない、と指摘されている。逆に海や湖や大きな河川を見下ろす場所であったり、街道筋を予想できるようなところに築造されていることが多い。おそらく遠くからもその存在がわかる位置なのである。能《あた》うかぎり多数の人々に見せるのが当初の目的だった、と指摘されている。

それはどういう意味であろうか。人々がその死者を讃えている意志を知らしめ、氏族の誇りとすること、そして死者の霊そのものがまだ存在する、ということを示そうとしているのだ。したがって、前方後円墳の今日のような航空写真による姿よりも、横から見たときの起伏が重要であったことが予想される。多くが現在では林でおおわれているが、もとは人工的で幾何学的な構造物であって、ピラミッドに似たものであったのである。現在では大きさは長さしか測られないが、じつを言えば、円部の墳丘部分は高いもので三十数メートルもあり、それ自身、小さい山のように見えたはずである。墳丘が高いものでなければ、山を一層大きく見せるために、西殿塚古墳や会津大塚山古墳などのように、円部が一段余計に重ねられていたり、白米山古墳のように、大きな石材で葺石を葺くような造作が加えられていたのである。

最古の前方後円墳と言われる箸墓古墳の円部は、積み上げるように五段の山になっており、西殿塚古墳の場合は、四段目の最上段が下の三段にくらべて高く、その上昇感を強める効果を持っていた。崇神天皇陵といわれる行灯山古墳ではさらに高くなってその傾向を強めている。四世紀前半頃の景行天皇陵（渋谷向山古墳）あたりには、一、二段目に比べて三段目がひときわ高いという定型ができあがっている。最上段を圧倒的に高く見せる様式の前方後円墳が五世紀を通して築造され続ける。これらは横から見られる高さもまた強調されたことを意味していよう。

私は「やまと」という言葉の語源が「山人」である、ということを既に述べている（本書序章）。「山」に自然霊があるばかりでなく、祖霊たちが存在しており、それに囲まれた里人たちの生活が日本人を形成している、と述べた。前方後円墳のなかには幅の広い周濠や外堤をめぐらせるものもあり、あたかも此岸の生活から隔絶された彼岸の世界をつくっているように見せている。つまりこの前方後円墳は、まさに人工的な山を造り、また水をたたえた濠をめぐらすことによって、神のいる島を造り出しているのだ、という解釈をすることができる。

前方後円墳を側面から見ることは自然な見方である。これを指摘したのは、小説家の松本清張氏で、彼は前方後円墳の「側面拝礼説」を唱えた先駆者と言われている。それもたいへん現実的で、二上山《ふたかみやま》が前方後円墳の形の原型ではないか、と推測している。大和の人々が明日香から見て、二上山の雄岳、雌岳の峰部に落日を見ると、それだけで霊的な存在と感じ、とくに悲劇の大津皇子が葬られている由縁でもある、という。これは二見ケ浦の「夫婦岩」や吉野の「妹背山」と同じ二つの並びの類なのであると語るふたつ《一組の自然に畏敬の念を払う日本の風土にある原初的な信仰対象なのであろう》と述べているが、いかにも、小説家らしい観察である。いずれにしても前方後円の中に「山」を見ているのである。

「山」に棺が入れられ御霊はそこで留まり、人々はそれを仰ぐのである。その円部は「天」をあらわし、祭祀はその「山」に向かってより低い方形の「大地」で行われることになる。しかし前方後円墳全体が神の空間であり、「天」である「山」に祖霊は生き続けるのである。その「山」を飾るのが円筒埴輪列や形象埴輪であることは、そこに何らかの霊の存在を感じさせるものであっただろう。いずれの埴輪にも空気穴を持っていることは、おそらく内部で火を焚いたと思われるから、葬儀が夜行われたとすると、まさに火の光で墳頂部が満たされた、と想像することができる。初期には墳頂部や一部に置かれた円筒埴輪が、崇神天皇陵（行灯山古墳）のように、各段に列をなしてびっしり並べられ、そこに火が燃やされると圧巻であっただろう。

このように、前方後円墳の形象から想像する古墳文化の意味合いは、御霊の信仰を永遠に残そうとする人々の強い意志であろう。そこに造形の美とその永遠性を感じていたはずである。

「山」と言えば、種子島の広田遺跡から「山」の字の貝札が発見されている。これは中国の道教の仙の字の略だと言われるが、「山」は前方後円墳の起源でないか、という推測を伝えるかのようである。日本に最初に文字が書かれたとすれば、「山」という文字であったかもしれない。「仙」という文字もまた山の人の意味である。

神社の起源は、墳墓であろうと推測する学者もいる。建築家牧彰氏によると、当時の宮殿建築から発生したと考えられる神社の最も古い形式は、伊勢神宮の「神明造」と出雲大社の「大社造」であるが、前者は切妻「平入」、後者は切妻「妻入」である。宮内庁治定の天皇陵（前方後円墳）は遙拝所の位置は、神社に喩えると「妻入」を意味する、と指摘している（藤田友治編『古代日本と神的思想』五月書房、二〇〇二年）。

4　天皇陵としての前方後円墳

同じ大きさのものはない

この時代の前方後円墳を中心とする古墳を見ていると、同じ大きさのものは一切ないということに注目しなければならない。古墳は今日の墓のように両一的に造られるのではなく、その死者の社会での位置、役割によって大きさ、形が、残された生者によって判断されたことを示している。そこから当然、死者の位置づけ、その霊威の大きさが、造墳者によって決められ、人々によって支持されたと考えなければならない。大きなものほど、指導者に近いと言ってよいであろう。巨大な墳墓ほど、その神の国として大きいということであり、人民に信望が厚かったことを示しているはずである。このことからも、当然、大王《おおきみ》＝天皇の存在を巨大な墳墓に予想させることになる。

大きな前方後円墳の分布から見て、近畿地方を中心とするものが最も数が多いから、当然ここに日本の統治者が続いていたと考えられる。つまり大和連合を盟主とする畿内および周辺諸部族、瀬戸内沿岸諸部族、北東九州および山陰の諸部族が、それに従い、政治的・祭祀的な統治を受けたと推測できる。同祖同族の大連合の形成が、前方後円墳の成立の背景にあったのである。それとともにその他の墳形の墳墓や、長大な割竹形木棺、船載鏡の多量の副葬品を見ることによって、その序列がわかってくるであろう。

大小の差こそあれ、同じ形式であることは、その祭祀が共通であり、近藤義郎氏が『前方後円墳の時代』（岩波書店、一九八三年）で言うように、《共通の祖霊の世界をもつという関係に入ると〈観念〉されたことの反映》であり、それは《大和連合の祖霊を頂点とする祖霊の重層としてあらわれる》。したがって「連合関係」に入った諸部族は、新たに設定された大和連合との同祖同族関係の証《あかし》として、これまでの伝統的な祭祀型式を離れ、前方後円墳祭祀を受け入れた、と推測してよいであろう。寺沢薫氏は《弥生時代の最終末に誕生し、ヤマト王権と前方後円墳の誕生とともに完成した「首長霊」継承の〈観念〉と〈秘儀〉こそが、天皇霊継承儀礼の原像であり本質だ》と言っており、それは大王＝天皇陵と結びつけられる（寺沢薫『日本の歴史2　王権誕生』講談社、二〇〇〇年）。

よくこの時代の史家の間で「古墳時代首長制論」とか「古墳時代首長同盟論」などという言葉が飛び交っている。あたかも古墳時代の「首長」という言葉に何か具体的な姿があるかのように語られることが多い。しかし「首長制」などという言葉は、もともと日本の古墳時代の実態を考察したうえで提出されたものではなく、一九六〇～七〇年代にかけてアメリカの考古学界で、メソポタミア国家形成期のモデルや、新石器時代のある島の社会体制として持ち出された言葉であり、それは具体的には日本の古墳時代と関係のないものなのである。ここには相変わらず、二、三〇年遅れの欧米学界追従の風潮が見られるにすぎない。その言葉を使うことによって、日本に首長を権力者とする階級社会（階層社会？）が既にあったことを述べたい、マルクス主義的傾向を見ることができるであろう。

その傾向は、最近の広瀬和雄氏の『前方後円墳国家』（角川選書、二〇〇三年）にも見られる。氏は西嶋定生氏の国家的身分秩序の媒介的表現としての古墳を把握した（『古墳時代と大和政権』一九六一年）とする指摘を引用しながら《地方首長が前方後円墳国家の政治秩序に組み込まれたとき、いますこし限定すれば大和政権と地方首長との間に政治的上下の関係が設定されたときに営造された、きわめて政治的な建造物が前方後円墳である》とする。つまり《律令国家の版図とさほど変わらない国家的枠組みの広がりは当初からほぼ確定していたから、地方における前方後円墳の築造は大和政権が中枢を握った政治的ネットワークの充塡を表し、大和政権の地方統治単位が大きくなったり、小さくなったりすることの表現形態にすぎない》と述べている。《日本列島全体に、首長同士の結合体という政治的まとまりが古墳時代になってできあがったことは動かない》と、この時代に、日本の国家が成立したと想定しているのである。

しかし広瀬氏は《首長層に対抗するような広範な農民層はついぞ形成されなかった》とつけ加える。ここには首長と農民層の対立を期待する史家の態度がある。しかし、大王《おおきみ》＝天皇を中心してそこに同祖霊信仰としての共同体が生まれ、対立よりも共同精神によって結ばれているのである。そしてその関係の遠近に応じて、墳墓の大小が設定されていた、と推測される。

墳墓は治定されていた

ところで、巨大な前方後円墳は天皇陵として知られてきた。『日本書紀』などの記述に適合したものも多く、親しまれてきたものも多い。既に延喜五年（九二七）に撰進された『延喜式』で、場所を定めて天皇陵などを治定しており、この頃においても巨大な前方後円墳のどれが天皇家の墳墓だとわかっていたのである。

これは天皇陵のことではないが、『続日本紀』巻第四によれば和銅二年（七〇九）、墳丘が発掘されたときは「幽魂を慰める」よう、造平城京司に勅している。《十月十一日　造平城京司に勅して、もし工事中に古墳が発見されるものがあったら、埋めもどし、発《あば》いたまま放置してはならぬ。すべて酒をそそいで祭り、死者の魂を慰めよ、と命じた》（『続日本紀』、宇治谷孟訳）とあるから、古墳は大事にされていたことがわかる。

現在は宮内庁が管理している天皇陵のほとんどが幕末の「文久の修陵」の際に決定されたものである。谷森善臣《たにもりよしおみ》がそれまでの諸説を研究し、それぞれにあてはめていったもので、戦後の研究者からは批判されるようになったが、いずれにしてもこれら墳墓が大王《おおきみ》＝天皇のものであることは、明らかである。浜田耕作は、昭和一一年に『考古学雑誌』で「前方後円墳の諸問題」を発表し、前方後円墳を最古期、古期、最盛期、後期の四期にわけ、Ⅰ期はいわゆる柄鏡式で崇神天皇陵や景行天皇陵、Ⅱ期は日葉酢媛陵や成務天皇陵、Ⅲ期には応神天皇陵や仁徳天皇陵、履中天皇陵、敏達天皇陵がそれらの陵墓として挙げられている。この考察は宮内庁御陵部の検討から導き出されたものだが、前方部の細長い柄鏡式から徐々に前方部前端が広く、高くなっていく変遷の存在を指摘している。決定的な研究が可能になるまで、これらの研究により、天皇陵名を採用すべきであろう。

5　三角縁神獣鏡とは何か

副葬品の鏡について

前方後円墳では副葬品が多いが、なかでも鏡、石製品、鉄製武器、鉄製武具、装身具、農耕具、馬具、土器が出土する。紙幅の関係でここでは鏡についてだけ述べよう。

中国や朝鮮には前方後円墳の祖型がないのと同じように、副葬品として出る三角縁神獣鏡という鏡は、大陸には一枚も出ていない。『魏志倭人伝』で鏡百枚の記述が出てくるが、既に日本では五六〇枚ほど出ている。加えて、縁が断面三角形という中国の鏡にない特徴をもっている。しかし裏面の画像が、中国の画文帯神獣鏡などを見てつくられていることも否定できない。鏡の画像が、不老長生や神仙思想を表したもので、中国説に固執する研究者により、中国で作られた「輸出」用に特別に製作された特鋳鏡だ、などという説（田中琢、一九九一年）も出されている。しかし魏王朝では、宗教政策として、神仙思想などの民間信仰を禁ずる政策をとっていたから、輸出用でもそれを作っていたとは思われない。隣りの呉王朝から出たものという説も、証拠がない。画像には中国ではありえない図像が多いことからも、日本で作られたものと考えるのが妥当であろう。

日本で作られた鏡

日本で作られたとすると、この画像の意味は何であろうか。ここで日本の文化に即した見方をする必要があるだろう。三角縁神獣鏡の縁の断面が三角であるが、これは前方後円墳の見かたと同じように、側面から見る視点が考えられる。前方後円墳の円部がひときわ高い「山」を示しているとすれば、この断面三角も「山」を示している、と見てよいのではないか。鋸歯文帯が繰り返し表されるが、それも三角形が基本の模様である。これも「山」ととれば、内部の神仙思想的な表現と合致することになる。

漢代の鏡が神仙思想に基づくことは、指摘されていることであるが、日本の鏡にもまた「山」を基本にした神仙思想があるといってよいであろう。よく画像に、すでに仏像が表現されると指摘する研究者がいるが、神仙図に、仏像はありえない、と考えなければならない。事実、表された羽根をつけた座像は、仏像ではなく、飛ぶこともできる「山人」の像といった方がいい像である。後の役行者は飛ぶこともできたといわれる。西王母が二体並んでいるなどという異常な姿ではなく、「山人」の姿として、日本の神話の天津国の神々が表されているのではないか。

藤田友治氏は黒塚古墳の鏡の銘文を挙げて、それが倭人の好みの銘文を取り入れていたと述べている。長寿を意味する「寿」とか、富み栄える意味の「富」、健康で安心な「康寧」、立身出世を願う「貴」、子宝にめぐまれるための「多子」という。これらの漢字が描かれ、この時代でも理解されていたことを示している。黒塚古墳の十六号鏡の三角縁三神五獣鏡では、銘文に《張氏作鏡真巧、仙人王喬赤松子、獅子辟邪《へきじゃ》世少有、渇飲玉泉、飢食棗、生如金石、天相、保兮》（張氏は鏡を作ったが真に巧みだ。仙人の王喬と赤松子がいる。獅子や辟邪は世にめずらしい。渇けば玉泉を飲み、飢えれば棗《なつめ》を食う。生命は金石の如く、天命を相い保によろしい）とある。これらを見ると、三角縁神獣鏡という独自な鏡は、神仙思想を表現し、仙人たちにあやかり、不老不死を得たいという願望を表していることになる。まさに日本における「山人」の思想と言ってよいであろう。

この鏡に代表される三角縁神獣鏡は同型鏡が多く八面もあり、香川県大川郡の奥三号墳出土鏡から、兵庫県権現山五一号墳（M2）、京都府の椿井大塚古墳（M21）、静岡県連福寺古墳、群馬県三本木古墳と広く出土している。このような漢語の記述が日本の鏡に出ていることは、当時のある人々はこれを理解していたことである。つまりまだ日本に文字として定着していなかったものの、既に判読していたということである。そして日本の神道にもっとも近いのが、中国の道教思想であったことも、ここによく表されている。

第五章　聖徳太子の思想——神道と仏教の融合

現在あらためて、日本人にとって宗教とは何か、が問われている。これは日本人の精神の復興の問題にも欠かせぬ問いである。序章で既にこの問題を扱ったが、本章では聖徳太子の仏教に対する態度を検討することによって、いかに日本の神道が仏教を日本化したか、を述べてみたい。

まずここで、宗教には二つの種類があることを確認しておかなければならない。一つは「共同宗教」であり、他は「個人宗教」である。これまで宗教学では、「自然を信じる宗教」と「教祖のいる宗教」といった、発生を基準にした類型で論じられてきたが、人間にとって「共同体」の中で生きることと「個人」として生きることは、当然、両立すべきことで、人間がこの二つを満たされなければ、宗教も思想も意味を持たない。

キリスト教はふつうキリストと個人を「愛」で結ぶ「個人宗教」として見られているが、『旧約聖書』ではユダヤ民族の共同体と自然の起源のことが語られ、キリストの「愛」を述べる『新約聖書』と二つで、宗教の条件を満たしている。キリスト教徒が戦争するとき、この『旧約』の一節を持ち出すのは、神がキリスト教徒の共同体を守護するという信仰に基づいている。問題は東洋の宗教で、仏教がインドでも中国でも根づかなかったのは、それがそれぞれの国家や共同体よりも、個人の「解脱」「悟り」に偏ったからだと思われる。「個人宗教」の色を濃くした宗教は宗教として高度なものである、と宗教学者は言うが、それだけでは共同体には深く根づかないのだ。しかし日本でなぜ仏教が国民の中に根づいたか。そこに「神道」があったからである。

本書第四章では、そこに強い御霊信仰が存在することを述べ、当時既に各氏族の「御霊信仰」から発した「大王《おおきみ》」への「皇祖霊信仰」が生まれており、それが前方後円墳のような巨大な墳墓を生んだ、と述べた。巨大な墳墓は濠に囲まれ、前円の部分が山となり、後方の部分が里となり、全体が水に囲まれた聖域としての島をつくり上げていた。そこにはむろん「自然霊信仰」があり、これら三つの霊が「三位一体」となる「三霊信仰」がある。後の「神道」の祖型を印していたのである。まさにそれは「共同宗教」の証であった。現在でも、日本には「神道」が生き続けているが、それは一方で「仏教」という「個人宗教」が、七世紀以後、加えられたからである。本章では、それを成し遂げた聖徳太子と神道の問題を新しい角度から語ろうと思う。

1　仏教の移入と神道

神と仏の出会い

仏教は紀元前六、五世紀インドに生まれ、紀元一世紀に中国に伝わり、朝鮮を経て、『日本書紀』によると、日本に欽明天皇十三年（五五二）に渡ってきたと言われる。そのとき百済聖明王から欽明天皇のもとに釈迦仏の金剛像や仏具、経典が献じられている。ところがこの経典の方は一体どのような内容であったか語られていない。その上表文に《この法《みのり》は、諸《もろもろ》の法のなかにおいて、最も殊勝となす、解し難く入り難し、周公・孔子もなほ知るあたはず》と記しているのである。これが「周公・孔子」と「声聞・独覚」を置き換えただけの『金光明最勝王経』の文句と同じというから、あるいはこの経典であったかもしれない。しかし《解し難く入り難い》ものらしく、その題名さえ記されていない。

一方仏像について、欽明天皇は《西蕃《にしのとなりのくに》の献《たてまつ》れる仏の相貌《かほ》端厳《きらぎら》し、全《もっぱ》ら未だ曾て有らず。礼《うや》まふべきや否や》と群臣に下問したと書かれている。つまり、こんなに顔の整って美しい偶像はこれまでに無かった。拝んでいいだろうかと述べ、まず何よりも仏像の「端厳」であることが指摘されているのである。

当時の日本人には、祀るべき神が多くあった。農耕による豊かな収穫は、神の恩恵によるものであり、穀物の霊も神であった。水もまた、灌漑のための水も、その水の源の山も、神となっていた。むろん火や雷も神であった。自然霊の神の憑り代＝霊代《みたましろ》としての樹木や岩石などが神として尊敬され、さらには鏡や剣も神の座に置かれた。そのような自然霊だけでなく、祖霊信仰の神々は、各氏族集団の祭祀の対象であり、守護神としての「氏神」信仰が存在した。

しかし日本の神は姿を現さなかった。暗黙のうちにしきたりが守られていたのである。神々は『古事記』に記されているように、人間と同じような感情や衝動により、荒ぶる神として行動することがある。しかし我々とは違って彼らは、目に見える形で、人間の姿をもってはならない、と考えられていた。ところが、百済の使者がもたらした「他国《あだしくに》の神」（大唐の神）は「国神《くにつかみ》」（日本の神）と異なり、人間に似た姿形をし、微笑さえ含んでいたのである。それはまた墳墓と一緒に作られた埴輪と異なり、よりまともな人間の姿であった（私は『国民の芸術』〈産経新聞社、二〇〇二年〉において、埴輪は異形人や子供であってまともな存在として造られていない、と述べている）。

しかしここに初めて、釈迦像という「他国神」が現れたのだ。『日本書紀』では、この神を「佛神」と呼んでいる。敏達天皇十四年の条に《佛神の祟りあり》と記されているように、像自身が力を発揮することを知ったのである。

ただ天皇の立場としては「他国神」を簡単に受け入れるわけにはいかなかった。『古事記』『日本書紀』の神代巻にあるように、天皇は、その統治権の源泉は天照大神の神託に発し、その子孫によって統治権は継承せられるべきであり、天照大神から孫にあたる瓊瓊杵尊《ににぎのみこと》に授けられた八咫鏡《やたのかがみ》と草薙《くさなぎ》の剣こそが形をもった神宝であった。そこに「佛神」を即座に加えるわけにいかなかった。それを欽明天皇が群臣に下問したことも賢明な処置であった。その百済王献上の仏像を下付されたのが蘇我稲目であった。一方大連物部尾輿《おこし》や中臣鎌子のように「国神」と強い結びつきを持つ氏族が、「他国神」に対して抵抗を示すのも当然であった。

「佛」の意味の再検討

ここで注目すべきことの一つは、日本語として「佛《ほとけ》」という言葉も新たに創られたことである。支那人は「ブッダ」（Buddha）という言葉が入ってきたときの後漢時代に、漢字で「浮図《フト》」や「浮屠《フト》」をあてた。ところがその言葉が日本に入ってくると、そこにケをつけて「佛《ホトケ》」と呼んだのである。

それが「浮屠《フト》家」だとか、「熱気《ほとおりけ》」とか「缶《ほとぎ》」であるとする後代の類推より、「仏像」（＝「ほとけの形」）が入ってきたことで「フト」の「形」という意から「フトケ」という語が作られたとする推測のほうが正しいと思われる。《丈六のホトケを作る》とか、《寺のホトケを拝む》というように、仏像がホトケと呼ばれたのである。そのことは仏像が、釈迦そのものとして、形や像の中にその精神を体現しているようなものでなければならない、という日本の仏像の質の高さにつながる。それがさらに「ほとけになる」というように、仏像と死が結びつけられるようになると、死んだ祖先とも結びつくようになるのである。

それ以後、聖徳太子の解決案まで、まさに仏教を受け入れる側の蘇我氏とそれを拒否する物部氏との戦いは、仏像をめぐる戦いであったと言うことができる。欽明天皇三十一年（五七〇）三月に蘇我稲目が死ぬと、物部氏らは、ただちに蘇我氏の向原の家を襲い、仏殿を焼き、またそこに安置されていた百済王献上の仏像を、難波の堀江に流した。この事件は『日本書紀』には欽明天皇十三年の存命中とされていたが、『上宮聖徳法王帝説』によれば稲目の死後と考えるのが正しいようである。この行為は、稲目の死の隙をつく、というよりは、先年の疫病はこの仏像のせいだ、としたことによるという。偶像を流す、という行為は神道的に言えば、人間が蒙る災禍や疫病の穢れを清めることである。後の律令政府の神祇官の職掌の一つとなった「大祓《おおはらえ》」は、国家的な制度化された祓の儀式であるが、この際、贖《あがな》いとして祓われた病禍のついた人形などの「形代《かたしろ》」を川に流し、海の彼方の「常世国」または「地下の根国」に送ることになっていたのである。

敏達天皇十二年（五八三）に、また疫病が流行したとき、大臣蘇我馬子が「卜占」をさせたところ、父の稲目が祀った「他国神（仏）」を失った祟りであることがわかった、とされる。祭祀の要求としてぜひ、「他国神」を祀るべきだ、というのであった。その神の要求を容れて祀らなければ、国内の災禍は消えない、という。翌年九月、鹿深臣《かふかのおみ》が百済から弥勒の石像を持ち帰ったので、馬子は、これを貰い受け、祭祀を行った。そして豊浦の石川の家にその仏像を安置し、三人の尼に供養礼拝させた。このとき帰化系の鞍作村主司馬達等《くらつくりのすぐりしばたつと》が「仏舎利」（釈迦の遺骨）を馬子に献じたので、豊浦・大野丘の北に仏塔を建てて、その舎利を奉安した、という。

ところが、それはまた破壊された。今度は敏達天皇の命であった。新たに起きた疫病の流行を止めるには、仏像破壊しかないと判断されたからである。大連物部守屋は拝命し、中臣連磐余《いわれ》らを率い、大野丘の北の仏塔を切り倒し、蘇我馬子が建てた石川の仏殿を焼き、また仏像を難波の堀江に投じたのであった。善信ら三人の尼も法衣を奪われ、海石榴市に監禁された。当時の市は物々交換の場所であるとともに、犯罪人の処刑の場所であった。天皇の命といえば大臣蘇我馬子と言えども、仏像や堂塔また尼を、排仏派の暴力から守りきることができなかったのだ。

しかし疫病は終熄しなかった。しかも逆に仏像を捨てたことが、疫病をいっそう猖獗させた原因であるという風評が支配的となり、敏達天皇さえも非難の対象となった。そして天皇自身も発病する不運に見舞われたのである。蘇我馬子も病気になり、天皇に仏法帰依の許可を求めた。今度は敏達天皇も譲歩し、馬子にのみ崇仏を認め、三人の尼を釈放した。馬子が快癒する一方で、天皇はまもなく崩じた。当時の人々は、馬子の治癒は「他国神（仏）」の恵みであり、敏達天皇の崩御は、明らかにその破仏の態度に起因していると思ったという。

敏達天皇の葬儀は厳粛に執り行われた。神道はもともと葬儀と墳墓を中心に置いていたのだ。大和の広瀬に殯《もがり》の宮が営まれ、六年間も続いた。死を穢れととるにせよ、そのこと自体は重要な祭儀である。

穢れとは汚れではなく、気が涸れていくと考えられ、死に対して生で応えなくてはならない。崇峻天皇四年（五九二）に、敏達天皇は磯長にある母（欽明天皇のお后）の陵墓に合葬された。他方で最後の前方後円墳が造られたとされる。

葬儀のとき、蘇我馬子は長い刀を佩《は》き、霊前に進んで天皇の生前の功績をほめたたえた。しかしその姿を見て、物部守屋が「矢を受けた雀のようだ」と言って嘲笑したという。しかし次に守屋が代わって霊前に出ると、手足の震えがとまらず、守屋の方が不利になった。実を言えば蘇我馬子の妻は、物部守屋の妹であったが、この角逐は決定的なものになった。

敏達天皇の死後、仏教に好意的な用明天皇が即位したが、二年足らずで病の床に就いた。聖徳太子は父君の病気の治癒のために仏教帰依を表明し、それを臣下に諮《はか》ったところ、両派の戦いは一層激しくなった。用明天皇は用明天皇二年（五八七）に崩じたが、その祭礼が終わらないうちに内乱が起こったのである。ここで聖徳太子も加わった蘇我氏が勝利した。物部氏は滅亡し、仏法興隆が、もはや大勢となった。しかし後を継いだ崇峻天皇は仏教に冷淡であったらしく、蘇我馬子の命によって弑逆《しぎゃく》された。

とはいえ天皇家は、仏法に対して傍観者の立場をとらざるをえなかった。既に述べたように、仏教を受け入れることは、やはり天皇が「国神」であることを自ら否定するという面を持っていたからである。それでも仏教受容に踏み切ったのは、推古天皇の下の聖徳太子の、神・仏融合の努力があったからである。その実行は次の舒明天皇（三十四代）から行われたのであった。

さて聖徳太子によってどのように神道と仏教は和解されたのだろうか。

2 聖徳太子と神道

太子不在説への反論

まず簡単に「聖徳太子はいなかった」というような俗説に反論しておこう。まず聖徳太子の名の文献史料における初見は、慶雲三年（七〇六）に造営された斑鳩の法起寺の塔婆の露盤銘に「上宮太子聖徳皇」とあるものである。このことは、聖徳太子の名が養老四年（七二〇）に出された『日本書紀』の捏造であるとか、藤原不比等などの政権を固めるためのフィクションであるとか言われるが、それ以前に、斑鳩では既に語られていたことを示している。また一例として、天平勝宝三年（七五一）の漢詩集『懐風藻』の自序に、《聖徳太子に逮び、爵を設け官を分かち、肇めて意義を制す》云々と記されているが、政治家の評価は、だいたい一世紀経って初めて定着するものので、たとえ当時、その名で呼ばれていない、ということがあっても、その存在が「ない」ということにはならない。「厩戸皇子」という存在があった以上、その名が「聖徳太子」となったことは歴史的評価の問題なのであって、いる、いないの問題ではない。

私は『聖徳太子虚構説を排す』（PHP研究所、二〇〇五年）で、法隆寺五重塔の心柱が年輪年代法により、五九四年に伐採されたという動かぬ証拠（二〇〇二年発見）が、法隆寺のオリジナル説を証明するものである、と述べた。それは一般化している再建説を否定するもので、既にその年に斑鳩寺の建立が始まっており、それが現在の法隆寺であることを示している。『日本書紀』の記す六七〇年に焼亡したのは、まさに焼け跡が発見された若草伽藍のことであった。法隆寺問題だけでなく歴史家の様々なもっともらしい聖徳太子懐疑説を論破したものだが、これに対する反論はまだ提出されないでいる。

推古天皇の皇太子で摂政となった聖徳太子（五七四〜六二二）は国政にあたったが、十七条憲法、冠位十二階などに見られるように、儒教、仏教、道教、景教などを研究し、その考え方を政治に取り入れたとされている。だが聖徳太子は決して神道を無視したわけではなかった。彼自身、用明天皇を父とし、皇子の一人であり、十分に天皇になる条件を備えていたし、十七条憲法の第三条は、天皇の詔に従うことを明確に記していた。蘇我氏との関係の深さにより、神道派の物部氏との対立ばかりが強調されるが、皇祖霊信仰については揺るがぬものを持っていたはずである。太子の崇峻天皇弑逆容認を非難する国学者がいるが、それは太子を理解していない説である。

仏神の扱いの変遷

これまでの神道が、仏教を受け入れるかどうかは、仏像という「他国神」をどのように扱うか、にかかっていた。その扱いは、蘇我氏の法興寺（飛鳥寺）の建立に始まる。崇峻天皇元年（五八八）に着工されたこの寺は、同五年（五九二）に仏堂が着工され、推古天皇元年（五九三）正月に百済将来の仏舎利が心柱の礎石の中に奉安された。この仏舎利というのは、むろん伝説として伝えられた釈迦の骨であるが、この奉安のときには、大臣蘇我馬子をはじめ、一族の者など百人余も参列したという。初めての仏像を置く寺における仏舎利の扱いは、仏教の受容について大きな示唆を与えている。

心柱とは神道ではもともと心御柱《しんのおみはしら》といって、神聖な木として、伊勢神宮などでも大変重要なものと考えられている。構造上では必要のないものだが、神聖な柱として考えられてきたものである。この心柱そのものが神聖であり、その礎石の中に釈迦の骨を埋めたことにより、まさに神道と仏教が合体した、ということがわかる。推古天皇四年（五九六）一一月に伽藍の中心部が竣工し、高句麗僧の恵慈と百済僧の慧聡の二人が、新装なった法興寺に住した。本尊の飛鳥大仏が置かれ、法興寺の本尊となった。現在は法興寺の後身である明日香村の安居院にある。後世の補修により原初の姿をかなり損ねているとはいえ、なお飛鳥様式の面影を伝えている。

前後九カ年を費やして完成した法興寺の造営には、百済より派遣された技術陣のほかに、東漢氏が配下を動員して終始事にあたった。法興寺は、中門から左右にのびた回廊の中に、塔を中心として東・西・北の三方に金堂を持ち、この伽藍の中枢部を築土が取り囲み、南門や西門を置いている。講堂は、回廊の外、北金堂の後方にあった。法興寺式に近い伽藍配置は、高句麗の首都であった平壌の清岩里廃寺址に見出されると言われている。

法興寺の堂址から金銅製の舎利容器をはじめ、勾玉、管玉、金銅の延べ板や小粒などが発見されている。しかしここではまだ、日本の墳墓時代にとって代わる独自の形式を持つ寺院様式ではまだなかった。法興寺の伽藍配置はまだ過渡的なものであった。金堂が三堂もあり、正面の北金堂と、東西の金堂が五重塔を取り囲むかたちとなっている。この東西の金堂を除くと四天王寺式となり、北西のそれを除くと法隆寺式の配置となる。この法隆寺式の配置こそ、これまでの前方後円墳との連続性がある形式だと思われるのである。

その意味でも仏像を中心としての法隆寺は重要である。まずその建築は木造建築として、現存するもので最古のものであるが、七世紀の飛鳥時代の様式を伝えるものは、金堂、五重塔、中門である。この伽藍の配置は初めは四天王寺のように中国のそれのような直線的に並べたものであったが、法隆寺は、その配置は、それまで例がないもので、塔と金堂が左右に分かれ、また五重塔自身も中国の仏塔とは異なる形態をしている。この残存するもっとも古い木造建築が、決して大陸の模倣ではないことは、その仏像や壁画の独自性とともに特筆してよいことである。そこに日本特有の墳墓との関連が指摘されるからである。五重塔がまさにこれまでの墳墓の象徴的代替であったからである。この五重塔の心柱が伐採されたのが、五九四年という年代であったことは、法隆寺の建築がこの年代から開始されたことを物語っている。

この心柱がある五重塔は、高さ三一・五メートルであり、五重目の柱間は、初重の半分になっている。各重の逓減率が大きく、非常に均整のとれた美しい印象を与えている。おそらく、止利仏師のような彫刻家によって造型されたものであろう。しかしこの高さの追求は、墳墓時代からの一貫した、山と結びついた信仰によってであり、山の高さと結びつく意識となっていることに注目してよい。

塔の原形はインドのストゥーパであり、釈迦の遺骨を奉安するためのものであるが、ストゥーパはこうした高さを持っていない。遺骨を納めるのにはこのような高さを必要としない。実際この五重塔の場合では、最下層内陣には、地下一・五メートルに埋められた大理石の上部に、舎利奉納孔があり、そこに舎利（むろんそれは、伝説に過ぎないが）が置かれているのである。その上に心柱が建てられる。この高い心柱が釈迦の墓である、ということになる。

法隆寺の構造を言えば、真横から見ると古墳に似ている。塔が前円、金堂が後方となっており、その回廊が、濠となっているのだ。この塔の部分は、明らかに山の部分であり、金堂が里の部分となっている。

前方後円墳は墓が円部にあり、祭祀が方部で行われるから本来は前円後方墳と言わなければならないことは、既に指摘した。その前円部と後方部が、そのまま法隆寺の塔と金堂になったように見てとれる。前円が五重塔で墓であり、後方は金堂の祭祀場であるからだ。巨大墳墓の代わりに巨大寺院ができる論理は、まさに日本人の御霊信仰が造形に結びつき、大きなモニュメントを生み出す力となり、その力を一貫させたことによって見事に仏教が取り入れられたことになる。それが聖徳太子の斑鳩寺――法隆寺によって実現した、と言うことができる。

日本語で「ほとけになる」という言葉は、まさに仏が死ぬことと同じく人間が死ぬことであり、五重塔はまさにその死者卒塔婆である。仏の墓が五重塔であり、同時にわれわれ日本人の墓でもあるのだ。われわれ日本人は死ぬと「ほとけになる」のであり、またそれが「ほとけ」つまり仏像にのりうつることでもある。金堂には「ほとけ」が置かれ、五重塔が仏の「墓」であることは、まさに日本の御霊信仰を仏寺が満たしていることになる。

このような形で、聖徳太子が法隆寺を建てたことによって、それ以後の各氏族の主は氏寺を建立し始めたのである。古墳の規模の豪壮さによって族長の地上的勢力を表現していたように、七堂伽藍の壮麗な氏寺建設に人々をかりたてた、と言えるであろう。

神道の継続の実態

しかしこれによって神道による祭祀が途絶えたわけではない。御霊信仰そのものが寺院の建立によって保証されると、氏神の他の祭祀はその中で、神道として継続されていたのである。施主として氏寺を建て、七世に及ぶ父母の追善を願う族長は、結果的に、氏寺に結集される氏族の人々に対して、その中心的役割を強化していった。氏神は、それを祀る氏族の血縁的な祖先神ではなく、むしろ氏族が定住する地域の地縁的な守護神となっていった、と考えることができる。

農耕を司る氏神に五穀豊穣を願うことも継続された。たとえ「仏神」＝「他国神」が信じられようとも、氏神は地域的＝氏族的な守護神として保持されたのであった。超地域的＝超氏族的性格を内容とする仏教が、祖先崇拝に重点を置く氏族の御霊信仰に変容せしめられていったのである。それを天皇家が推し進めることによって、天照大神の皇祖霊の系列と、各氏族、各家族の祖霊信仰の系列との併合を推進させた。そこで、各氏族が他国像（仏）をそれぞれの寺に作ることによって、祖霊信仰の系列に、その霊を象徴させるという解決法で、仏教を受け入れたのである。

日本社会は、神仏併存の心を持っていた。仏教という一方の個人宗教を取り入れ、個人の問題を、宗教で語らせただけでなく、後には東大寺のような『金光明最勝王経』を基礎にした国家宗教として取り入れ、共同宗教としての新たな威力を受け入れていったのである。国分寺、国分尼寺建立によって、それが個人の信仰を高めるだけでなく、鎮護国家の権威によって仏寺を建て、国家の権威を高めるようになった。

3　「ほとけになる」思想

「釈迦三尊」の意味

新しく渡来した仏教の受容に積極的な熱意を示した聖徳太子は、斑鳩の土地に法隆寺を造り五九四年伐採の心柱を中心とした五重塔を建立した時点で、まさに日本的仏教を確立した、と言ってよい（太子の最初に建立した四天王寺は、未だ独自性を持っていない）。法隆寺においては、金堂には多くの仏像＝ほとけが祀られている。名高い「釈迦三尊」であるが、これは聖徳太子の死後作られたもので、まさに聖徳太子の御霊をイメージしていた、と言ってよい。その光背には推古天皇の三十一年の年記と作者の止利仏師（司馬鞍作首《しばのくらつくりのおびと》）の作であることが記されている。興味深いのは、偈頌《げじき》に死後の世界を、まさに「ほとけになる」思想として既に受け取っていたことを示していることである。読み下し文で引用しよう。

斯の微福に乗り、信道の知識、現在は安穏にして、
生を出て死に入らば、三主に随い奉り、三宝を紹隆して、
遂に彼岸を共にし、普遍の六道、法界の含識、
苦縁を脱する事を得て、同じく菩提に赴かんことを。

（法隆寺金堂『釈迦三尊』光背銘より）

ここには、《生を出て死に入らば》元来の仏教では六道をめぐり苦縁を経なければならないところを、既に《菩提に赴く》と述べている。本来ならば、釈迦・観音・弥勒世界の三柱に従い、仏・法・僧の三宝を受け継がなければならないが、彼岸を共にし、苦縁を脱して、同じく菩提に赴く旨を述べているのだ。これはひとり、聖徳太子のことだけではなく、日本人全体の仏教観になっていた、と思われる。というのも、本来の釈迦・菩薩・弥勒の三主の世界は、『上宮聖徳法王帝説』によれば《三ノ主トいふと、若《も》し疑はくは、神前大后、上宮聖王、膳夫人、合りて此ノ三所ソ》とあり、これは聖徳太子、その母、

そしてその妻のことである、と解釈している。この仏教の解説自体からの変更は、日本人の御霊信仰そのものによっている。聖徳太子によって作られた日本仏教への変身をいみじくも伝えていることでもある。

仏教の解説を受け入れながら、死後すべて「ほとけ」になるという御霊信仰は、日本の独自な思想となり、それがまさに仏像というものに、インドや中国のそれらと異なる形象を与えたと言ってよい。六〇六年の飛鳥寺の大仏から仏像は始まったが、鼻の大きく唇の厚い飛鳥仏のタイプはまず六二三年の法隆寺金堂の「釈迦三尊像」において最初の秀作を生んだ。この釈迦像が潜在的には聖徳太子自身であり、また夢殿の「救世観音像」がまさに聖徳太子像と言われているのも、御霊《ほとけ》と、仏像《ほとけ》が一体となったことを示している。この「救世観音」が明治になってフェノロサが開梱するまで、ミイラのようにぐるぐる巻きにされて守られていたのも、それが聖徳太子の御霊であるかのように見られていたからではないだろうか。

「弥勒菩薩」の瞑想像

法隆寺の隣の中宮寺に「弥勒菩薩像」があるが、この半跏思惟像は太子思惟像とも言われ、世俗のありさまを憂い、解説の境地を求めて瞑想にふける若き釈迦（悉達太子）の姿と聖徳太子を重ねている、と言われている。五十六億七千年後に出現して人々を救うとされる弥勒は、ここでは「ほとけ」になった太子の姿とされているのである（なお中宮寺では、この仏像を「菩薩半跏像（伝如意輪観音）」と呼んでいる）。

平安時代以後、聖徳太子の像が数多く作られ、日本人の理想像として人々に崇められるのも「ほとけ」と「神」とがそこで一体となっているからであろう。

太子自身、三つの経典の註釈書『三経義疏《さんぎょうぎしょ》』を書いていることで知られているが、仏教の独創的な解釈も施している。『法華義疏《ほっけぎしょ》』では仏教の根本の書である経典から、聖と俗を分けて考えずにこの世にあって仏教の理想を実現したいと語っている。そこでは決して釈迦自身の「八相」は説かれていない。仏教が抽象的な経典仏教となってはならず、仏像という「ほとけ」の御霊から読み取る、人間の生の問題なのである。

太子の《世間虚仮《せけんこけ》　唯仏是真《ゆいぶつぜしん》》という言葉は、まさにそのことを言っているのだ。この言葉は「天寿国繡帳」の銘文に見られるものだが、唯《ただ》「ほとけ」だけが「真」である、という意味は、ただ「御霊」だけがまことの存在なのだ、ということであり、「仏像」というものは、本当の人間の姿である、それを礼拝せよ、という意味でもある。一方、この世が仮のものだ、という考え方は、個人宗教としての人生に対する内省があり、それはこれまでの神道になかったものだ。この考えかたが、日本人に、ある意味で無欲さ・高貴さを与えたということができよう。この世間に生きながら、それが決して本当の姿ではない、虚しい仮りのものだ、という観念は、一方で物事に執着しない日本人の姿を作り出したと言ってもよい。それはできるだけ人の間の争いを避ける観念を与えた、ということである。

聖徳太子の死後、太子の往生したという「天寿国」のありさまを描いたこの「天寿国繡帳」(『天寿国曼陀羅繡帳銘』)は、死そのものが「ほとけになる」という思想そのものを示しているといってよいだろう。「天寿国」という観念は仏教思想からいえば浄土観念であり、景教(当時ネストリウス派が入っていたことは明治時代の久米邦武らによって指摘されている)から言えば天国観念である。しかし日本では、御霊が神となる、という意味からも、この「天寿国」は神道思想であった、といってよい。墳墓を造ることによって、あの世を現出させた前代の人々と異なり、ここに観念のあの世を作り出しているのである。

太子が片岡山で出会った飢えた人に衣服を与えて葬ったところ、数日後、その墓には衣服だけあって屍は無くなっていた、という片岡山の飢人説話も、その基本は、御霊信仰である。死んだ飢人が高貴な存在であった、というばかりでなく、人間そのものが「神」となっている、という思想を示している。

「玉虫厨子」の図像学

多くの聖徳太子の伝説が八世紀に作られたもので、そこから思想を引き出すことができないというなら、七世紀の作品として確実な法隆寺の「玉虫厨子」はどうであろう。「釈迦三尊」と並んで、聖徳太子の思想をうかがうに足る資料と思われる「玉虫厨子」の建築そのものが法隆寺の建築に似ており、また金堂の「釈迦三尊像」にもその台座をはじめ、材料の檜材でもまた共通している。この日本で作られた最初の絵画が、まさに聖徳太子の思想に即していることは、その緊密な関係から見てもうかがい知れる。

まず左右両側面に描かれた本生図から見てみよう。右側面の「捨身飼虎図」は、釈迦が前生の王子のときの物語で、竹林で飢えた母虎が七匹の子を連れ、死に瀕しているのを見て、高いところから飛び降り、自ら虎の餌食になる、という姿を示している。王子はその行いにより兜率天になるのである。左側面は「施身聞偈図《せしんもんげ》」で、釈迦が前生で婆羅門であったとき、山で修行して、帝釈天の教えに従い、身を投げたところを、救われる場面が、異時同図法で描かれている。

いずれも、釈迦の前世のとき、常に死によって自己の行いを決する、その行いを讃える物語となっている。そしてその御霊が生き返り、神＝兜率天になるのである。これはちょうど神道における、御霊が死んで神となる、という思想と同様である。他の釈迦八相図ではなく、このような前生図の自死の場面が取り上げられていること自体、この法隆寺が、いかに日本人の神道の思想を引き受ける、新たな仏教思想を示しているかが、よくわかる。

　正面須弥座には、中央に宝器が置かれ、上から飛天が舎利容器を捧げて飛んでいる図が描かれている。比丘が左右におり、手前の香炉と宝器とで、遠近法が見事に空間を作り出している。中央の宝器は、飛天の舎利容器と同じなので、これが釈迦の舎利容器であることが分かる。ここには舎利供養図が描かれているのである。前述した釈迦の墓と考えられる五重塔のように、この「玉虫厨子」も、釈迦の死後、御霊となってまさに「成仏」した物語を示している、と言ってよい。

　この須弥座場面の背には、須弥山を中心に宮殿や説法相の如来や、却利天など配し、山の光景を描き出している。そういえば「捨身飼虎図」も「施身聞偈図」もみな山の図の中で描かれている。これも、神道の自然霊信仰の「やま」の観念と無関係ではないであろう。釈迦もまた、まさに「やまと」の世界に入る以上、図像的にも山の場面と融合しなければならないかに見える。この「玉虫厨子」は、日本の独自な図像と、釈迦の仏教が、まさに日本の仏教として神道化していく過程を示している、と考えることができる。

　こうした例でも示されるように、仏教は日本で聖徳太子の法隆寺とともに、神道化していると思われる。神道の共同宗教としての御霊信仰と、仏教の「世間虎仮　唯仏是真」という個人宗教としての人生観が、聖徳太子の思想の中に融合し、太子としての皇祖霊信仰とともに、日本の宗教の基本ができあがっていった。それはまさに日本人の「やまと」の世界の「やまとごころ」と言うべき宗教心となっていくのである。

第六章　聖徳太子と霊魂の発生——法隆寺は語る

1　聖徳太子の御陵

頂上の木棺の意味

日本の古墳では、円部の高い墳丘の頂上部分に、死者が埋葬されている。頂上に穴を穿って石積みの石室を掘り、そこに遺体の入った木棺を納め、上から石で蓋をして粘土で密閉し、さらに土で被うという方法は、遺体そのものと同時に御霊をもそこに留めようとする、遺体と御霊の一体の思想を表していたと言ってよい。その意味で、古墳には霊魂が宿っているのである。白石太一郎氏は木棺の周囲には、銅鏡が並べられている場合が多く、その銅鏡の鏡面が中央の遺体の方に向けられている、という事実に気づき、それは死者の霊魂を封じ込むためだ、と述べている(白石太一郎『古墳と古墳群の研究』塙書房、二〇〇〇年)。

遺体を密閉するということは、この古墳時代においては、遺体と霊魂が一体となっているという信仰があったことを示している。霊魂が遺体から離れて飛翔していく、という考えはなかったことになる。よく前方後円墳の円部は「天」を示し、方部は「地」を指すから、円部の棺の魂はここから天高く上っていく、と想定されるが、この構造からは、その御霊はその円の山の棺に留まっている、ということになる。

それと同時に、この遺体の位置が問題である。この埋葬方法が、地下に埋葬する中国と異なることが、指摘されている。中国では遺体は地下に埋葬されている。兵馬俑で有名な秦の始皇帝の墓も地下に埋もれている。地下の施設は、地下の死者を祀るために造られたものであった。死者が丘の高い場所に安置されていることは、御霊は山に存在するという日本人の独特な山への信仰を示すもので、それが遺体と霊魂が一体であった巨大墳墓時代から出たものであることが理解される。このことは前方後円墳と言われる、その円部そのものが、霊なる山である、という精神があったことを意味する。

ところで名高い法隆寺金堂の「釈迦三尊像」には光背の銘文だけでなく、墨書が発見されている。その台座上段の右側の内側面に、一二字の墨書と鳥と魚の図が描かれていた。平成元年（一九八九）一二月の初旬、法隆寺昭和資材帳調査の一環としてこの像の調査が始まった年に発見されたものだ（『朝日新聞』一九九〇年三月一五日付）。

その墨書は《相見可陵　面示識心　陵可時者》と読むことができ、そこには鳳凰のような鳥と、嘴をもったような怪魚も描かれている（『法隆寺　日本仏教の黎明』奈良国立博物館、二〇〇二年）。

研究者の多くは、下座の辛巳年の墨書から、これが当時のものであることは認めているが、いったいどのような意味があるか、議論が深くされてこなかった。たしかにあまり目立たないところに書かれ、落書きと思われているからかもしれない。読み方も「可」を「ち」や「了」としたり、「示」を「楽」と読んだりする（田村圓澄『古代東アジアの国家と仏教』吉川弘文館、二〇〇二年）。私の読み方は東野治之氏によっている。

またこれまでの説に「陵」を「凌（ぐ）」と読んで、道教的な見方とする説が出されている（新川登亀男『道教をめぐる攻防』大修館書店、一九九九年）。しかし「陵」と「凌」とは異なる。私は、この短い四言三句に「陵」という言葉が二度も使われていることに注目した。この「釈迦三尊像」の光背にある、この三尊の由来を示した造像記と密接に関係しているのではないか、と考えのである。「陵」とは「みささぎ（御陵）」のことであり、天皇、皇后、皇太后、太皇太后の墓所のことを指すと見てよいからである。『日本書紀』においても天皇が崩御されると、《～陵に葬られる》と書かれている。すると次のようにこの四言三句を読むことができる。

相い見て陵を可とし、面を示して心を織り、陵を可《よし》として時を者す。

この「者す」とは、「者」の部首がもともと老《おい》を意味し、時を老いて過ごしたことを示すものと思われる。つまり全体としては、《みなで御陵を見てよいものと思い、おたがいに面と向かって心を通じあい、御陵をよいとして時を過ごす》という意味となる。「御陵」が神道の御霊信仰の形態であるとすれば、これは死者が天に向かうところでもある。人々はこの仏像を作りながら、同時に御陵について、思いを馳せていることになる。

この文章と、鳳凰のような鳥と、嘴をもった魚の墨書はどのような関係にあるのだろうか。この天上の鳥と、水中の魚で、御霊が天上に上っていくイメージを語っている。鳥と魚の組み合わせは、中国的なもので、「千字文」では、その注に示されるように、この二つの動物が同身異体で、南の鳥は無限の大きさをもち、北の魚もまた無限大の存在となっている。『荘子』の魚と鳥との寓話では、北漢に魚がいて、鳥に化して南漢に移るという。これらは、四方がみな水で、四海であることを証している。それは無限大の天のことを指すであろう。これは老荘の世界であるが、仏教にも影響したものであろう。それは仏教用語を借りるならば「往き登る」ところの「浄土」であり、「天寿国繡帳」では「天寿国」となるのである。神道も道教も仏教も同じような死後の概念を、当時の人々は持っていたことになる（新川、前掲書）。

この解釈が正しいとすれば、文章の「陵」に閉じ込められた御霊が、ここではそこから離れて、図像化している。つまり御霊が図像によって観念化されているのである。それゆえに、この書き込みは、日本の御陵文化が、仏像文化へ変遷したことを示した文章と図像ということができる。したがってこれらは寺院文化の誕生を、文字と形象で語ったたいへん貴重なものと言ってもいい。この時代は古墳時代は文字が移入されていない時であり、それに対する文字記録がなかったからである。御陵肯定の言葉は、この時代に造られていた古墳に対し、その霊的存在を認識している言葉となっていることになる。この「釈迦三尊像」の台座裏という場所における、墳墓讃歌は、この仏像と墳墓との密接な関係を語っていると考えてよい。

この「釈迦三尊像」そのものは、聖徳太子の薨去の際に作られたことが、光背の銘文で書かれている。母后である間人皇后と太子妃も崩御されている。この銘文そのものについては次節で検討するが、その年代は、太子の死の一年後の推古三一年（六二三）であることを指摘している。この「釈迦三尊像」が完成したとき、すでにその「陵」そのものに、太子は葬られているのである。『日本書紀』のこの条に

「薨去」された同じ月に《太子《ひつぎのみこ》を磯長陵《しながのみささぎ》に葬った》と、書かれている。

聖徳太子の御陵

したがって、ここで聖徳太子自身の御陵について述べるべきだろう。この磯長陵とはどんなところであろうか。『聖徳太子伝暦』では詳しくその丘墓の様子が語られている。この太子廟は奈良側から山を越えた河内側の太子町にある、叡福寺《えいふくじ》に造られた。この叡福寺は後に、『太子未来記』が発見されることになる、太子に縁が深い寺であるが、その当時は寺として整備されていたわけではなかった。平安時代に書かれたこの『伝暦』には次のように書かれている。現代語訳を引用する。

推古天皇二十九年辛巳の春二月、太子は斑鳩宮で妃に命じて沐浴させた。自分もまた沐浴して、新しい清潔な衣と袴を身につけ、妃に向かってこう告げた。「私は今夕、遷化します。そなたも私とともに、この世から去りましょう」妃も新しい清潔な衣装を身にまとい、太子に添い寝して横たわった。翌朝、太子と妃は、いつまでたっても起き出してこなかった。近習のものが寝室の戸を開き、二人が遷化したことを知った。このとき、蘇我大臣馬子以下の郡臣・百官、また天下の衆生は、だれもがみな父母を失ったときのように嘆き悲しみ、哭泣の声は行路に満ちた。太子の死を聞いた天皇も、大声をあげて哭《な》き悲しみ、車を出して斑鳩宮に行幸した。そうして、太子の遺骸の前で絶句し、やり場のない悲しみにうろたえ、身もだえた。大臣以下の者も、また胸を叩いたりじだんだを踏んで悲しみを表し、「日月が輝《ひか》りを失い、天地は既に没した」と語り合った。太子と妃を棺に斂《おさ》めようと大臣が近づくと、屍の相貌はまるで生きているかのようで、からだからは、はなはだ香《かぐわ》しいかおりが漂った。

持ち上げた太子の屍は、衣服よりも軽かった。妃もまた、太子と同じであった。二つの棺をつくり、大きな輿に乗せて、磯長の墓に運んだ。葬送の儀は、天皇に対する葬儀に準じて行われた。陪従の者が、それぞれさまざまな花をささげ、僧侶らは太子を讃えて経文を唄った。斑鳩宮から墓所までの道の左右には、百姓が垣根のようにつらなって、おのおのが香花をささげ、あるいは声をあげて慟哭し、あるいは仏歌をうたって韻をつらねた。朝廷から布告がくる前に、人々は太子の死を悼んで白絹の素《そ》服《ふく》をまとった。天皇は棺が墓に送られるまで、遠くから葬送の行列を見送った。次から次へと涙があふれてきて、天皇の袂の乾く間はなかった。磯長の墓に運ばれた棺は、そのまま墓に安置され、南の隧道《ずいどう》の門が閉じられた。天皇は大臣に勅して、磯長の墓を守ることを仕事とする十戸の墓守の設置を命じた。葬送のあと、諸国の百姓が、はるばる遠くからお参りに訪れた。墓の周囲を巡り、たがいに集まって叫哭する彼らの姿は、日夜絶えることがなかった。けれども、死者の魂が転生するまでの期間とされる四十九日の中有《ちゅうう》を終え、五十日を過ぎると、ようやくその数も減った。磯長の墓所では、一羽の不思議な鳥が見られた。形はカササギに似て、色は白かった。いつも墓の上に棲み、カラスやトビが墓の近くにやってくると、遠くに追い払った。時の人は守墓鳥と呼んだ。三年後その鳥はいなくなった。

（藤巻一保『厩戸皇子読本』原書房、二〇〇一年）

ここでは《死者の魂が転生するまでの期間とされる四十九日》と書かれ、すでに平安時代には肉体と魂が分離するという考えが制度化されていることが分かる。『日本書紀』にはそのようなことは述べられていない。しかし、それまでの葬送の文章は、太子とその魂が一体化して、そこに死体とともにある、という人々の思いが語られている。まだ御霊は肉体を離れていないのである。

実際の叡福寺のお墓では母后の棺もこの二棺とともに、一廟に葬った。母公の棺は中央に、皇太子は東方に、妃は西方に安置された。廟中の頌文に「三骨一廟は三尊位、云々」とあり、この三尊とは、すなわち西方浄土の三尊（阿弥陀如来、観音菩薩、勢至菩薩）のことである、と述べられている。

現在では叡福寺に行くと、一段高くなったところに、柵に囲まれたこんもりとした円墳が現れる。それが聖徳太子の御陵である。この背景には、「過去七仏」の「転法論」の場所と伝えられる五字ヵ峰がある。御陵は上段が直径三五メートル余の円墳で、石室は切石積みで全長一三メートル、棺を納める玄室は長さ五・四メートル、幅三メートル、高さ三メートルほどである。奥壁側には石棺が一基、手前には石の棺台に載せられた夾漆棺《きょうしつかん》が二基、安置されていると言われている。伝承では、奥の石棺が穴穂部間人皇女、手前の夾漆棺が太子および膳妃《かしわでのきさき》の棺とされ、これらを「三骨一廟」と詠んでおり、順に阿弥陀・観音・勢至の弥陀三尊をかたどっていると信じられてきた。ただ『日本書紀』には、太子だけのことが書かれ、母や妃のことは記されておらず、『延喜式』にもこの「三骨一廟」のことは記されていない。

この太子の御陵がある磯長谷《しながだに》近辺は、かつて蘇我氏が支配していた土地で、蘇我氏に関係の深い天皇・皇族の墳墓が多くあることで知られている。この太子の御陵が後から造られた伝説の墳墓でも、孤立して造られた特別の墓でないことが分かる。この寺の「叡福寺略縁起幷古蹟霊宝目録」には「梅花の五廟」と書いてあるが、それは前方後円墳の敏達天皇陵（太子西山古墳）、方墳の用明天皇陵（向山古墳）、そしてこの円墳の太子陵、そして方丘の推古天皇陵（高松古墳）、そして円丘の孝徳天皇陵（上ノ山古墳）

の「五廟」を指している。

敏達天皇の御陵は堀のある前方後円墳で、用明天皇のそれは方墳だが三段築成で東西六七メートル、南北六三メートルの大きなものである。推古天皇は『日本書紀』に、《この頃、五穀が実らず、百姓は大いに飢えている。私のために陵を建てて、厚く葬ってはならぬ。ただ竹田皇子の陵に葬ればよろしい》と、崩御される前に群臣に語っていたというが、それでも方丘の三段構成で、東西六一メートル、南北五五メートル大型方墳である。これに比べると天皇に準ずる太子にしては、以外に小さい陵、と言えるであろう。

小さくなる古墳

飛鳥という時代は、ちょうど古墳が少なくなり、寺院が増える時代である。つまり、七世紀終わり頃に、それまでの墳丘を持つ墳墓が消えていく過程にある。この過程をよく示すのは、『日本書紀』の大化二年（六四六）三月二十二日の項で、大化の改新で「薄葬令」が出されていることである。大きな墓を造ることによって、その費用で人々が貧しくなっていることを憂い、御陵をどのように造るかという問題について述べている。

具体的には、王族以上の墓は工期七日で一〇〇〇人を使役、外形は方一六・二メートル、高さ九メートルまでで、墓室内は奥行き二・七メートル、高さ一・五メートルまでの墓を造るべきだと述べている。大臣クラスは五日の工期で、五〇〇人を使役し、外形一一・六メートル、高さ五・四メートル、墓室は王族と同じである。冠の下位の者は、一日五〇人を使役し、墳丘を築かずに平らにし、墓室を奥行き二・七メートル、間口一・二メートル、高さ一・二メートルになり、現在の墓と近づき、さらに冠位のない一般庶民は、手間を掛けずにただちに埋める、としている。《凡《おおよ》そ王《おおきみ》より以下、庶民に至るまでに、殯《もがりや》を営ることを得ざれ。凡そ畿内より、諸の国等《くにぐに》に及るまでに、一所を定めて、収め埋めしめ、汚穢しく処処に散し埋むること得じ》と書かれている。以下の部分も含めて現代語訳すると《王以下庶民に至るまで、殯《もがりや》を造ってはならない。畿内より諸国に至るまで場所を決めて埋め、方々にけがらわしく埋めてはならぬ。およそ人が死んだ時に、殉死したりあるいは殉死を強制したり、死者の馬を殉死させたり、死者のために宝を墓に収め、あるいは死者のために生きているものが断髪したり、股《もも》を刺したりして、誄《しのびごと》をのべたりする旧俗はことごとく皆やめよ》と述べている。

ここには、墳墓は、王族でさえ、それまでの十分の一程度に小さく造るべきで、死体を収める儀式のための小屋を造ってはいけないと語っている。「釈迦三尊像」の墨書が、陵を可《よ》きものと言いながら、小さく造ることを認め、既にそれと代置するもののことを示唆している、と言える。

2　法隆寺「釈迦三尊像」の役割

しかしそれまでの規模の大きな御陵に代わるものは何であろう。この墨書が書かれた「釈迦三尊像」という新しいモニュメント、つまり仏像なのであろうか。この仏像の光背の銘文を参照してみよう。名高い銘文は次のように銘記されている。

光背の銘文を読む

法興元《ほうこうはじめ》のとしより卅一年、歳は辛巳《かのとみ》に次《やど》る十二月（推古天皇二十九年十二月）、鬼前太后《かみさきのおおみさき》（間人皇后）崩《みまか》りたまふ。明年正月二十二日、上宮法皇《かみのみやのりのきみ》（聖徳太子）病に枕し、食に弗悆《こころよ》からず、王后《みこのきさき》（菩岐々美郎女《ぼききみのいらつめ》）

また労疾《いたづき》てならびに床に着きたまふ。時に王后王子等、また諸臣と深く愁毒《うれい》を懐《いだき》て、共相《もろとも》に願《ねがひ》を発《た》て、仰ぎて三宝により、當《まさ》に釈《ほとけのみかた》像の尺寸王身《おおきみのこのたけ》なるを造るべし。此の願力を蒙り、病を転じ寿を延《のば》し、世間に安住したまわむことを。若しこれ定業にして、以て世に背きたまわば、生きて浄土に登り、早く妙果に登らせたまわんことを。二月二一日 癸酉《みずのととり》、王后即世《そくせい》したまふ。翌日法皇登遐《とうか》したまふ。癸《みずのと》未《ひつじのとし》（推古三十一年＝六二三）の三月なかばに、願のごとく敬みて釈迦の尊像ならびに挾侍、及び荘厳具を造り竟《おわ》る。斯の微福の乗り、信道の知識、現在安穏にして、生を紹隆《つつし》して、遂に彼岸を共にし、普遍《あまねく》、六道法界の含む含識《がんしき》も、苦縁を脱《まぬが》れることを得て、同じく菩提を趣かんことを、司馬鞍首止利仏師をして造らしむ。

（「釈迦三尊像」光背銘文）

ここに、この像造の由縁を書いているのであるが、この日本最古の四六駢儷体の洗練された文章は、まさに皇后、太子、王后の死に際しての、日本人の認識を最初に示しているものとして興味深い。それは彼らが、太子の病を治すためにこの尊像を作っただけでなく、もしそれができないならば、崩御されて浄土に上れるように、と作られた旨、書かれていることである。つまりこの像は、病の治癒を願うとともに、その治らぬ場合にも、太子と彼岸をともにする釈迦の像として作った、ということである。まさに太子が「ほとけ」になったのであり、この仏像そのものが太子であることを示していることになる。

このことはこれまで、皇子が崩御されると、御陵を造り、そこに祀るという、それまでの墳墓造成の形態からの変化も語っていることにもなる。等身大の仏像を作らせて、それと「彼岸をともにする」という意味を含んでいる。これは御陵を祀る陵墓の形態から、仏像を作り、それを仏寺に納めるという形への変化を述べていることでもある。つまり仏神として、神道の立場から仏像を受け入れていた立場から、仏像を御霊に代える、という仏教の役割に移行させている、ということになる。それは一方では仏教の神道化を意味することだ。というのも、仏教の教典は本来は《六道法界の含識《がんしき》も、苦縁を脱《まぬが》れること》ができないと述べ、御霊は簡単に往生することは許されないものであるからだ。

このように、墓が小さくなると同時に、仏像が大きな役割を示すようになるのは、まさに聖徳太子のために作られた「釈迦三尊像」が示していることなのだ。死者が仏像と一体となる、という発想がそこに代置されたということが想定されるのである。このことは前章で既に述べているが、さらに別の史料を使って論じてみよう。

『日本霊異記』の仏像の記述

それは、この時代の御霊信仰について記された、平安初期成立の『日本霊異記』に書かれていることと関連する。例えば心なき者によって壊された仏像が《痛きかな痛きかな》と悲鳴をあげ、それを聞いた者がそれを制して、寺に安置し直された。そのとき《衆僧御輿《みこし》を厳《かざ》り、損われたる仏を安置し、哭《な》きて寺に殯《もがり》す》と書かれている。殯《もがり》す、とは埋葬に先立つ葬儀のことであるが、破壊された仏像に対して、死者に対するように殯が行われたことは、それが死者に擬せられたことを示している。『霊異記』には、殯が行われた死者の霊魂が身体を離れて彼岸に行くものの、直ちにそこから戻り、再びもとの肉体に戻って蘇生し、彼岸の体験を周囲の者に語ったという話もある（中巻第二二話）。これは先程の話に置きかえると、仏像を離れた霊魂が悲鳴を上げたということになる。この話により、仏像に対する「御霊」の観念というものが、人間における肉体に対する御霊の観念と同等なものとして人々にとらえられていたことがわかる。

さらに『日本霊異記』から引用すれば、中巻第三九話「薬師仏木像流水理沙示霊表縁」に、ある時、一人の旅の僧が、大井川の川辺にさしかかると、砂の中から「我を取れ」（私を取り出してくれ）という声が聞こえた、という。僧はきっと、砂に埋もれている死者の御霊が言っていると思い、砂を掘ると木像の薬師仏が出てきた。僧は知識（朋友）を募り、仏師に仏像を直させ、近くに御堂を建ててそれを祀った。すると仏像は光を放ち、霊験ゆたかなほとけになり、人々の信仰を集めた、と書かれている。これを見ても、仏像が人間と同じように霊魂を持ち、それ以上に霊験を持った像であることを、人々が感じていたことを語っているのである。

これらは聖徳太子の仏像以後、一世紀経った頃、流布した仏像観を記したものであるが、法隆寺金堂「釈迦三尊像」の光背銘は、まさに太子と仏像が一体となってあの世に行くことを表現していると解釈できるのである。『日本霊異記』には実際、聖徳太子の霊が語られていることが記されている。

それは敏達天皇の時、和泉国に霊木が漂着したので屋栖野古《やすのこ》という人物が天皇と皇后（後の推古天皇）に報告し、その霊木で仏像を作ることを願い出た、という物語である。嶋大臣といわれた蘇我馬子らとともに仏師に依頼し仏像を完成させ、豊浦堂に祀った。その際、仏像を否定する物部氏が反対したが、ひそかに屋栖野古がそれを完成させたのである。この人物は推古天皇の命により聖徳太子の侍者に任じられた、という。聖徳太子も彼に信頼を寄せていた。

二九年辛巳春二月。皇太子命。薨于斑鳩宮。屋栖古連公。為其欲之出家。天皇不聴。（上巻第五話）

崩御された聖徳太子に、屋栖野古は出家を思い立ったが、推古天皇はそれをお許しにならなかった、という意味である。この逸話は、霊木から仏像を作ることの重要性を語り、それを行った人物を推古天皇が聖徳太子の侍者にした、というものである。

さらに話は続く。屋栖野古が亡くなると、三日後に蘇生するという話である。屋栖野古の遺体は芳香を放ち、推古天皇が彼の功績を偲び、その御霊は冥界を漂った。聖徳太子は黄金の山の頂に伴わせ、山頂にいた比丘に紹介し、仙薬を貰い受けて彼に飲ませ、呪文を唱えさせたという。そして蘇生し九十有余まで生き延び、大往生を遂げた。この黄金の山とは五台山のことで、比丘とは文殊菩薩である、とされる。このように聖徳太子の死は、仏像と共にあり、その制作を促進した人物をいかに重用したかが語られるのである。

この逸話は、仏像はそのため作られた御霊の同体であり、仏像制作とはまさに、御霊信仰による御陵の建立と同様な働きをする、ということにほかならない。ここで、仏像制作と御陵建立との関連が説明されるのである。ちなみに時代は下がるが、「山越の阿弥陀」像では、浄土に迎える阿弥陀の姿が、御霊の極楽往生の姿を示している。

3　法隆寺五重塔の心柱——御陵の変化

年輪測定による五九四年の伐採

太子が建てた法隆寺の五重塔の心柱の年代が、年輪測定により五九四年という早い時代であることが分かった。このことは多くの聖徳太子、法隆寺の研究者、史家が一斉に沈黙する、という不思議な効果を持った。というのも、この法隆寺の建立の年代が、通説であった六七〇年以降という再建説を打ち砕き、少なくとも法隆寺が太子と同時代に存在したことにより、教科書にまで影響を与えた「聖徳太子が実在しなかった」という俗説を、間接的ながら、はっきりと打ち消したからである。どう見ても、およそ八〇年以上も心柱になる木を放置していた、と考えるのは不可能であるし、五重塔だけが太子によって建てられたとは思われないからである。現在もまだ沈黙し、意見を変えようとしない、多くの論者は、再建説が崩壊したことを知らなければならない（拙著『聖徳太子虚構説を排す』ＰＨＰ研究所、二〇〇四年）。

しかしそれだけではない。心柱が仏舎利の容器として、それ以後の日本人の御霊をそこに集める、という重大な信仰を生み、それがあれほど流布した墳墓文化を寺院文化に変化させたことも知らなければならない。

宮大工の西岡常一氏は、法隆寺五重塔が、いかにこの「心柱」によって支えられているか、を語り、それが「喬木、風に強し」の原理に基づいていることを語っている（『法隆寺を支えた木』ＮＨＫブックス、一九七八年）。塔自身が大木の幹に枝と葉を繁らせた形をとっており、それがこの塔をして一四〇〇年の長い間の地震、雷、風、虫食いに耐えさせた元だと述べている。これが卒塔婆としての役割を持っていたのである。

この「心柱」は基壇の高さは地面から約一・五メートル、地表面から地中の地山までやはり五尺ほど掘り下げてある。強靱な粘土層の地山の上に、直径二・四メートルほどの心柱石（心礎）を据えつけ、そこに孔を穿って、仏舎利を奉納し、その上に心柱を打ち建てたのである。心柱下の舎利孔は、蓋穴の直径は三〇センチほど、その中心に径一八センチほど、深さ三〇センチほどの擂鉢形の穴があり、そこに佐波利椀に入れた銀製の透し彫りの合子、その中に瑠璃壺、その壺の中に仏舎利が納められていた。これは仏の魂が、その舎利とともに、ここに骨壺のように収められ、まさに、仏の卒塔婆の形をとっているのである。その仏舎利の壺の上に、「心柱」が建ち、五重塔が造られている。

これは神道の方で、「樒《しきみ》」とか「榊《さかき》」が御霊の依代《よりしろ》になったが、まさにこの「心柱」が仏の依代になったのである。この五重塔が、その後、寺院の墓地の卒塔婆、松仏、杉仏、紙塔婆などと、小さな形の御霊の依代となっていく、というその原型であることが、この法隆寺五重塔の由来からも推測される。またこれが墳墓時代の土葬から寺院墓地の火葬へと移り変わる起因にもなったと考えることができる。

法隆寺と伊勢神宮の心柱

「心柱」というものは、神道では、伊勢神宮でも出雲大社でも建てられていることは、知られているところである。伊勢神宮では、「心柱」が、正殿の中心部分に建てられる。二十年ごとに遷宮がされるとき、それに先立って山から一本の木が伐り出され、そのために「木本祭」が開かれる。

その木は「心の御柱」として、今は、地鎮祭の折に建造される正殿の完成後に建立されている。かつては大祭の際の神饌はこの御柱の前に並べられた。その祭の原初的な形態は、御柱そのものを祭祀対象とする庭上祭祀であったと推測される。柱そのものが伊勢の神の現れと見なされる時期があったのである。出雲大社でも「心の御柱」があった。本殿の中心に立つ柱が、出雲では「心御柱」と呼ばれている。『記・紀』ではまず、神々が「〜柱」と呼ばれるように、樹木は元来、神々を指すことばであることは言うまでもない。

七世紀末に建てられたとされる伊勢神宮の「心柱」より、この六世紀末の法隆寺五重塔の心柱の方が時期が早い、という事実は、こうした神道の神社でさえ、日本に仏教が移入された後に、はっきりと形をとった、と思わせ、両者の関係に再考を促すものである。たとえそれまで樹木信仰が、日本の神道に支配的であったにせよ、このような建築の「心柱」がまずは五重塔に使われたことは注目されてよいことである。

つまり、仏舎利が法隆寺の心柱に入れられて、初めて骨というものの重要性が認識された。そしてそれが、これまでの墳墓形式における密閉された棺の形態に見られるように、人間の霊魂と肉体を一体として祀る、という形態から、このような舎利という存在で、肉体を伴わない御霊を独立して祀り、仏と思う、その霊魂の独立を意識したことなのである。

『日本書紀』が語る法隆寺

『日本書紀』によると、法隆寺を建てられた聖徳太子が、五八八年蘇我派について、神道派の物部守屋の軍勢と戦ったとき、「白膠木《ぬりで》」を切り取り、四天王の像を作って、頭上に掲げ、もし敵に勝たしめて下さったなら、必ずや「護世四天王」のための寺を建てるだろう、と誓言を発し、これによって蘇我馬子軍が勝利をおさめ、のちに約束どおり四天王寺を建てた。そこに五重塔が建てられたことは確かだから、この「心柱」も立てられたであろう。推古天皇は、仏師の鞍作鳥を召して《自分は仏教を興隆させたいと思い、寺院を設立しようとして、まず仏舎利を求めた。そのときおまえの祖父の司馬達等が、即座に仏舎利を献上してくれた》（『日本書紀』）と述べているから、そこに仏舎利が、法隆寺同様、納められたであろう。法隆寺より早い五重塔であるが、しかし残されていないので推測にすぎない。

鞍作鳥の四天王像も残っていないが、それらが「白膠木《ぬるで》」で作られた、という記述は興味深い。「白膠木」はもともと霊木であり、それを聖徳太子が知って、仏像を作ることを考えたというのも、神道の樹木信仰と、仏信仰が結合されたものと言ってよいだろう。仏像の「心木」に用いられるものであるから、木で仏像を作ることは、まさに神仏習合なのである。

『日本書紀』には仏教公伝の翌年、摂津国の海岸に、まるで「雷の声《かみなり》」のような「梵音」が響きわたり、《光彩しく晃り耀《かがや》くこと日の色《ひかり》》のようであった、と伝えている。天皇は不思議に思われ、使いを出して探らせたところ、一本の「くすの木」が海中に浮かび「玲瓏《てりかがや》」いていた、という。そこで天皇は画工に命じてその木から仏像二体を作らせた。それが今も「吉野寺」で光輝いている「くすのきの像《みかた》」だと伝えている。

「梵音」というのは、仏教の梵鐘のことであるが、それが雷、すなわち「神鳴り」である。日の光のように輝きを発していたものが、一本のくすの木であったことは、この楠が、神霊の宿る、霊威に満ちた神木であったことを語っているのだ。このように、日本で最初に作られた仏像は、伝来の金属製のものではなく、木彫であったのである。それはまさに、神木であり、神道に長く伝わっていた神木信仰によって作られたものである。そこに、既に仏像が神像でもある、という理由があるのだ。それはまた法隆寺の基礎が創られていたことでもある。

この五重塔が、仏舎利塔であり、卒塔婆の原型となって、寺院の墓に建てられるようになるのは、殯《もがり》を仏教に基づいて行った天武天皇の時代以降になるにせよ（その后の持統天皇が最初の火葬された天皇であった）、ここに墳墓時代から、寺院時代の変遷の過程がある、と言ってよいであろう。それはまさに聖徳太子の死によって、そして法隆寺という一大記念物の建立によって明らかにされた、と言うべきなのだ。

第Ⅱ部　古き時代の日本像

伊勢神宮内宮（神宮司庁提供）

第七章　天武天皇と現人神神話の誕生——天皇＝「現人神」ではない

1　天皇＝「現人神」説の虚構

「現人神」は作られた

明治以降「国家神道」化したあと、天皇が「現人神《あらひとかみ》」となり「唯一の神」として神格化され、大東亜戦争においては日本人はその「現人神」のために命を捧げた、と述べて、多くの日本の戦後知識人たちは「天皇制」を糾弾しようとした。例えば、梅原猛氏は明治時代の「教育勅語」の精神が、「唯一の神」天皇のために死ぬことを教えたと述べ、山折哲雄氏は天皇＝「現人神」を頂点とする「一神教化」したことを非難し、立花隆氏は天皇が「現人神」となり、礼拝を強制され、戦争で多くの兵士が天皇陛下万歳を唱えて命を捧げていった、と天皇のありかたを批判している。

これらの論議にあるのは、天皇＝人が「神」であるはずがない、という「近代」主義の立場か、「天皇制」を廃止したいというマルクス主義の影響によっていることは推測できる。いずれにせよ「神」という言葉の絶対化があると同時に、「人」が神であるはずがない、という否定的な言葉として「現人神」という言葉が使われているのである。

これらの指摘に対し、例えば新田均氏は『「現人神」「国家神道」という幻想』（ＰＨＰ研究所、二〇〇六年）で、初等科の教科書の例を挙げ、この天皇＝現人神説は、昭和十年代の戦争中に生まれた考え方にすぎないと述べて、「現人神」が、明治起源説ではなく、昭和の時代から言われたにすぎない、という説を展開している。

「人間宣言」の誤解

ただここで注目されるのは、初等科の教科書で挙げている言葉は、同じ「あきつみがみ」と読むが「現人神」ではなく「現御神」であり、必ずしも「人」という言葉を使っていない点である。「人神」ではなく、「御神」だと言っている点は、微妙な相違点と言ってよい。人イコール神ではなく、天皇という地位が神自身と考えられていたことになるからだ。

「現人神」という言葉は、最初から「人間」を「神」である、と示している言葉であり、生々しい言いかたである。戦後、昭和天皇は「人間宣言」と呼ばれる「詔」をなされたが、そこでは「現御神《あきつみかみ》」が使われている。これは正式には「新日本建設に関する詔書」と呼ばれるもので、ＧＨＱが「神道指令」とともに、天皇の神格化を否定させようとするものであったが、天皇はこれを「五箇条の御誓文」とともに、自らもともと人間であることを示し、民主主義のもと、国民とともにあることを宣言したものであった。

朕と爾等《なんじら》国民との間の紐帯は、終始相互の信頼と敬愛とに依りて結ばれ、単なる神話と伝説とに依りて生ぜるものに非ず、天皇を以て現御神とし、且《かつ》日本国民を以て他の民族に優越せる民族にして、延《ひい》て世界を支配すべき運命を有すとの架空なる観念に基くものに非ず。

この詔があたかも、はじめての「人間宣言」のようにとられ、それまでは天皇は神であったかのようにとられているのは、やはり誤解と言わなければならない。

2 「皇《おほきみ》は神にしませば」

どんな「神」であったか

天皇が神である、という神話は、実を言えば明治からの「国家神道」からではなく、天武天皇の時代から言われていることであった。問題はその「神」の内容なのである。「おほきみは神にしませば」という言葉は、『万葉集』全体で五回表現されている。終わりの方で、明確に天皇を指しているのは巻一九においてで、だいたい大伴家持の系統の作品である。まず、

皇《おほきみ》は　神にしませば　赤駒の　腹ばう田いを　都となしつ　（巻一九、四二六〇）

（大君は神でいらっしゃるから、赤駒の腹ばう田園でも、都に作りあげられた）

この歌には「壬申の年の乱の平定しぬる以後《のち》の歌」という詞書があるから、「おほきみ」が天武天皇を表していることがわかる。赤毛の馬のいる田を、普通の人間と異なった神秘的で、超越的な霊力をもって、都に造られた、神のようなお方だ、という意味である。この歌の終わりに「右の一首は、大将軍贈右大臣大伴卿作れり」という注記があり、これは大伴旅人の伯父の大伴御行であろうとされている。

『万葉集』編者とされる家持は旅人の子である。また既に天武天皇のときから「天皇」と呼ばれていたことが、大君に「皇」という漢字を使っていることからも理解される。

二番目の歌は、

大王《おほきみ》は　神にしませば　水鳥の　すだくみぬまえを　みやことなしつ　（巻一九、四二六一）

（大君は神でいらっしゃるので、水鳥の集まる沼を都になさった）

ここにも、普通の人間と違う霊力をもって都を建設された、神のようなお方だ、という意味がある。「皇」ではなく、「大王」という漢字が使われる。「右の件の二首は、天平勝宝四年二月二日に聞きて、即ちここに茲《ここ》に載す」とあるのでこの二首は、聖武天皇の時代に収録された歌であることがわかる。

この一番目と二番目の歌の「都」は、いずれも飛鳥浄御原《あすかきよみがはら》の宮のことと考えられるが、しかしこの都の建設は具体的なもので、必ずしも「神」の力を借りるほどの、奇跡的なものではなかったはずである。現在、飛鳥板蓋宮跡から、掘立柱建物、板塀、井戸などの遺構が発見されている。単なる田や泥地を都に変えてしまった、その建設ぶりの見事さを誉め称えた歌だが、これ以前にも都は建設されているのだから、とりたてて「神」の力をそこに見る必要はない、と言うこともできる。

三番目の歌は、

皇《おほきみ》は　神にしませば　雨雲の　雷《いかづち》の上に　廬《いおら》せるかも　（巻三、二三五）

（大君は神でいらっしゃるので、天雲の雷の上に仮宮を造っておられる）

というものである。詞書として「天皇、雷岳《いかづちのおか》に御遊《いでま》しし時、柿本朝臣人麻呂の作る歌一首」と書かれている。天という言葉を付け加えたのは、それにふさわしい雲や雷といった言葉があるからであろう。この場合、「おほきみ」は天武天皇か持統天皇かあるいは文武天皇かはっきりしない。

巻二（一六七番）の柿本人麻呂の歌は、草壁皇子の挽歌として「飛鳥《とぶとり》の浄《きよみ》の宮に、神髄太布《かむながらふとしき》まして天皇《すめらぎ》の敷座国《しきますくに》と云々」とあるので、これが「天皇」という言葉の最初の漢字表現である、と指摘されている。一般的には『万葉集』の中で「天皇《すめらぎ》」という漢字はあまり使われておらず、「王」の一字を書いて「おほきみ」と呼んだり、時に「大」の字を添えて「大王」を「おほきみ」と呼んだりしている。一方「天皇」を指すであろう「皇」の場合でも、ここでは皇子のことを指している。だが、ともあれ人麻呂の挽歌の中で「天皇」という文字が出てくるということは、既にこの名が確立していたことを示していよう。

もっとも「天皇」の初出は、先に述べたように、法隆寺の薬師如来の光背の《池辺宮に天の下知ろしめす天皇》という銘文で、推古天皇の丁卯の歳、西暦六〇七年のことと言われている。ただこれについては、その様式からこの時代のものではない、という説が出ており、この光背の銘文自体も、後世の補いである、と言われている。とはいえ、柿本人麻呂以前と考えられる。

またこの人麻呂の歌の「皇《おほきみ》」が天皇ではなく、草壁皇子であることも注目されなければならない。次の天皇になる皇子とはいえ、まだその地位ではない場合でも、「皇」と言われるのである。これは必ずしも天皇の地位にあるものに対して「皇」と呼ぶのではない、ということを示している。草壁皇子が若くして亡くなられ、葬られたときに歌われたものであれば、その「神」は皇子の霊のことだ、と推測ができよう。

霊力のある天皇

柿本人麻呂の歌で巻三、二三九の、第四首目の歌も「天皇」を歌ったものではない。「長皇子、獦路池《かりぢのいけ》に遊《い》でます時に、柿本朝臣麻呂の作る歌一首、并びに短歌」という詞書があり、さらに注記があって、そこには「或本の反歌一首」とあり、

皇《おほきみ》は　神にしませば　真木の立つ　荒山なかに　海をなすかも　（巻三、二四一）
（わが大君は神でいらっしゃるので、檜の茂り立つ荒れた山中にも海を作られることだ）

この「おほきみ」は長皇子《ながのみこ》で天武天皇の皇子のことである。この「海」は、谷川を塞き止めてつくる灌漑用の池を指すと言われている。水稲稲作にとって、池は重要で、その池を川を塞き止めてつくる土木事業に「皇《おほきみ》」は大変すぐれておられる、というのである。実際に「天皇」ではない、長皇子のことを「神」と呼ぶのも、その地位で言っているのではなく、その霊力で、言っていることを予想させる。

第五番目の歌は天武天皇の皇子の弓削皇子《ゆげのみこ》が身罷ったときに、「置始東人《おきそめのあずびと》の作る歌一首、并に短歌」として作られたものである。

やすみしし　吾が王《おほきみ》　高光る　日の皇子《みこ》　久方の　天宮に　神ながら　神といませば　そこをしも

あやにかしこみ　ふるはも　日のことごと　夜はも　夜のことごと　ふしゐなげけど　あきたもぬかも
（巻二、二〇四）

（高光る日の皇子（弓削皇子）が、天の宮におんみずから神としておしずまりになったので、そのことが無性に畏れ多く、昼は日がな一日、夜は夜通し、寝たり起きたりしてため息をつくが、心は満ち足りないことだ）

これに付された反歌が、

王《おほきみ》は　神にし座《ま》せば　天雲の　五百重《いほえ》の下に　隠《こもり》たまひぬ
（巻二、二〇五）

であり、このときも、「おほきみ」は天皇ではなく、弓削皇子である。

天武天皇の子、長皇子の同母弟の弓削皇子は、持統朝に続く文武天皇即位に不満の意を表し（『懐風藻』）文武即位の二年後、六九九年七月に没している。

ここでも「神」であられる「おほきみ」が、決して天皇自身ではないことに注目しなければならない。五例のうち三例が皇子のことを「神にしませば」と歌っているが、皇子は決して天皇になられるとは限らない。崩御されたとき、天皇の地位で、神と言っているのではなく、その人間の能力の大きさを言っているのである。あるいは、天皇とか皇子だけが特別である、というのではなく、死者が神となる、という日本人の信仰＝神道が、とくにこのような歌に現れたように思える。

というのも『万葉集』の歌において、もともと天皇は常に神として歌われていたのではない。『万葉集』には、巻一の頭に雄略天皇の歌を載せ、巻二の最初に仁徳天皇皇后の歌を収める。これらは古い伝承からとられたものであるが、天皇を歌う歌では「神」ではなく、人間として歌っているのである。

遠山一郎氏の『天皇神話の形成と万葉集』（塙書房、一九九八年）によると、天皇への眼差しに変化が現れるのは、天智天皇と天武天皇との間だ、と述べている。舒明天皇の御子である天智天皇の死を悼む歌群（巻二、一四七～一五五）で、人間として「神」との対比を歌っている。呪術的側面を示しながら、天皇の死に寄せる悲しみを表明する天智天皇への挽歌群中でも、一五〇の婦人の歌は「うつせみし　神に堪へれば」と歌い起こし、天智天皇を「うつせみ（＝現人）」の存在として見ようとする態度があるという（第二章八節）。呪術的な側面をことに強く残す大后の歌（一四七）を含めて、この歌群九首はすべて、天皇を「神」と見なすわけではなく、人間としての死を悲しむ色彩に覆われている。

ところが、遠山氏が言うように、同じく天智天皇についての歌がある。柿本人麻呂の近江荒都歌の長歌（巻一、二九）がこれで、冒頭から初代以後の歴代諸天皇を「神」と呼ぶ文脈をもっており、天智天皇を「神のみこと」と表現しているのである。

玉襷《たまだすき》　畝火の山の　橿原の　日知の御代ゆ　生まれしし　神のことごと　樛《つが》の木　いやつぎつぎに
天の下　知らしめししを　……　夷《ひな》にはあれど　石走る《いはばし》　淡海《あふみ》の国の　楽浪《ささなみ》の　大津の宮に　天の下
知らしめしけむ　天皇《すめろぎ》の　神のみことの　大宮は　此処と聞けども　……

この近江荒都歌は、天智天皇挽歌群より後の時代に、人麻呂の作った歌である。同じ人麻呂歌でも天智天皇のとらえ方が、天智天皇挽歌群と近江荒都歌の間で、大きく転換している。この転換をもたらしたのは、先に述べた五首にのぼる「おほきみは神」の第一の歌と第二の歌の「壬申の年の乱平定《しづま》りし以《の》後《ち》の歌二首」（巻一九、四二六〇～六一）であった。二首は「大君は神にしませば」という一句によって、天武天皇を「神」であると称える。これは、天智天皇挽歌群に窺われる「人間」天皇より、近江荒都歌に近いのである。

3　天武天皇が「神」である所以

限定されている「神」の像

『万葉集』においても、天皇を「神」と見る歌は限定されていることになる。また一方で『日本書紀』では天武天皇をも「神」として記述していない点に注目すべきであろう。無論この区別が生じたのも、和歌と歴史書との性格の相違だから、という考え方もある。歌は今の天皇への称賛を、直接的に表明するのに対して、『古事記』『日本書紀』は、天皇が統治する歴史を記述している。だがむろん、天津国から下ったあと、人間として生きることになったが、天皇は「神」の子孫であることに変わりはない。

天武・持統両天皇の即位の際、自らを「明神」と宣言する「宣明」はなかった。「律令国家」の構築を準備し、これを推進したのは天武・持統の両天皇であり、とくに持統天皇の時代に天照大神を奉祭する伊勢神宮が成立し、「律令国家」の完成を告げていたが、日本の歴史の中で、彼らは「神」ではなかったのである。

よく折口信夫の、日本の古典には「天皇はすなわち神である」という考えはどこにもない、という言葉が引用される（林房雄『天皇の起源』）。「すめらみこと」は詔命伝達者を意味し「現人神」という言葉も天皇即神とは無縁である。神は姿を現さず、時あって人間の姿を現すことがあるが、それは天皇ではない。天皇は神の言葉《みこと》を伝達する人間である。柿本人麻呂の作と伝えられる有名な「大君は神にしませば」という数首の歌も、神でない人間天皇が神のごとき業をなされたという寿歌《ほぎうた》であって、天皇即神論の根拠とならない。戦後の天皇の「人間宣言」についても、国の学問の正統を受け継ぐ学者は何も驚きあわてることはない、と。

私は天武天皇が「神にしませば」と歌われたことについて、天皇の伊勢神宮との関係を思わずにはいられない。「壬申の乱」において、天武帝が伊勢神宮の寵《ちょう》を受けている。天武天皇の大伯皇女が天武二年（六七三）四月、伊勢の斎王に選ばれている。皇女は持統女帝の姉である太田皇女と天武天皇の子で、泊瀬斎宮（現在の奈良県桜井市初瀬）において、神宮に仕える女性として身を潔めたあと、伊勢神宮に向かっている。この皇女が伊勢神宮の神を祀る斎王になって以降、天皇即位後に未婚の内親王が斎王になる、という制度が慣習化したという。天武四年（六七五）には十市皇女も伊勢神宮に遣わされている。これは近江朝平定のお礼参りとしてで、天武天皇と伊勢との結びつきは大きかったのである。天武朝の間、伊勢神宮が再建され、その祭祀が整備された。かの「式年遷宮」が行われたのは持統四年（六九〇）頃からであるが、既にその間に準備されたのである。

天武十年（六八一）には、天皇は諸国の神社を修理させている。それだけではない。天武天皇の御一代初の新嘗祭を、とくに大嘗祭と称して大々的に行われた。また祈年祭や月次祭の奉幣の途を開かれ、広瀬・龍田神社の祭りを慣例化せられたのもこの時代であった。まさに天武天皇は古墳時代以来の民族的伝統、習俗をまとめ、各地の祭りをも国家的公的な行事としていったのである。まさに神道を国家のものとした、と言ってよい。神祇の祭祀が完成をみたのは、天武天皇の孫にあたる文武天皇の大宝元年（七〇一）に施行された大宝令であるが（現在に遺っているのは養老令だが）、この令制により神祇の祭祀が整備されて、平安時代の延喜帝（醍醐天皇）の時代に、令の施行規則である『延喜式』が編纂される（延喜五年〈九〇五〉編纂開始。完成は延長五年〈九二七〉）。戦国の時代にやや衰えたとはいえ、基本的には明治維新まで続いた。維新に際して、祭政一致の方針により、この令制に還ることを眼目に改革がなされ、現行祭祀もなおこれに基づいているのである。伊勢神宮の式年遷宮も続けられ、平成二五年（二〇一三）には六十二回目の還宮が行われる。

令では、まず中央に神祇官を設け、これを太政官の外に特立した。その長官を「伯《かみ》」といい、神祇の祭祀を掌った。その祭祀に関する規定が「神祇令」であり、

1　恒例の公的祭祀の各々の時節と名称、およびそれらの行事の大綱
2　即位儀礼の行事大綱と斎戒の禁忌、および期間
3　祭祀の管理
4　大祓の行事の大綱
5　官社の経理

から成っている（真弓常忠『神道祭祀　神をまつることの意味』朱鷺書房、一九九二年）。

とくに日本の「神祇令」は、支那の「祠令」が天神の「祠」、地祇の「祭」、人鬼の「享」、および先聖先師の「釈奠」に分けるのに対し、天と地の「祠」と「祭」だけであり、かつその区別さえつけず、釈奠については「学令」に入れている。つまり日本の神祇令は自然信仰を対象としている。また支那では犠牲（動物の供御）を用いるが、日本の「神祇令」では存在しないのも、そのことをよく示している。その一方で、「祠令」にはない「即位儀礼」や「大祓」を神祇令において行い、共同宗教の面を強めている。

「即位儀礼」は、持統天皇が即位された持統元年（六九〇）正月に行われている。このとき、神官（神祇官）の長官・中臣大島が「天神寿詞」を読み、忌部色夫知《いんべのしこぶち》が神爾である「剣」と「鏡」を持統皇后に奉り、持統天皇が即位された。天皇即位の儀に際し、中臣氏が寿詞を奏し、忌部氏が神聖な「鏡」と「剣」の神器を献上するという儀礼である。これは神祇令の条文にも含まれているが、このように共同体の象徴物を、「御霊」として受け渡すことによって、天皇そのものに、その「御霊」が乗り移るのである。

「すめみまのみこと」とは何か

『記・紀』では天皇の身体を「すめみまのみこと」と呼んでいる。折口信夫によると、「すめ」は神聖を表す尊称であり、「みま」は本来肉体を称する詞であって、したがって「すめみま」とは魂の入るべき天皇の身体ということになる。「御霊」の容れ物が「すめみまのみこと」なのである。

『日本書紀』の敏達天皇の条に「天皇霊」という言葉が見えているが、この「天皇霊」とはまさにる。

「皇祖霊」が宿ったことであり、「御霊」が「すめみまのみこと」であるところの身体に入ったことである。折口は「剣と玉と」（『折口信夫全集』第二巻、所収）で、天皇になられるのに必要な外来魂なる天皇霊が「いつ（みいつ）」と称する魂である、と述べ、さらに《「すめみまのみこと」には生死があるけれども、この肉体を充すところのたましい（天皇霊）は、終始一貫して不変であり、かつ唯一である》と述べている。《従って、たとい肉体は変わり異なることがあっても、この天皇霊が這入れば全く同一の天子様になられるのであって、この天皇霊をもっておられる御方のことをば日の神子《みこ》と申し、この日の神子となららるべき御方のことをば日つぎのみことと申し上げる》と言う。《日つぎのみことの地位に在られる御方から天皇になられる御生命は事実上時の流れと同様継続しているのであるけれども、形式上一定の期間、一旦裳抜けのからにならなければならない。その間に、天皇霊がその肉体に這入って来ると信じた。これが完全に密着すると、そのものは俄然新しい威力が備わり、神聖なる天皇の御資格がえられるのである。そのたましいは恐らく前述のいつであろう。大嘗祭にこのいつが天子のご身体に憑依するのである》。このことは、まさに持統天皇の「即位儀礼」の中で、実現した、と信じられたのである。

さらに天武天皇の時代の天武四年（六七五）四月、大和国の龍田神社で「風神」、広瀬神社では「大忌神」が祀られている。その翌年からは四月と七月に祭祀が執り行われ、後の律令の「神祇令」の基本が始まっているのである。この祭りはともに、悪風と荒水の害を避け、豊穣を祈る祭祀であり、「大忌祭」を行う広瀬神社は、佐保川と初瀬川がつながり、さらに飛鳥川と曾我川に合流する地点に所在し、よく荒水を受ける位置にあった。現在の奈良県北葛城郡河合町川合にあたる（吉村武彦『古代王権の展開』集英社、一九九一年）。

まさに天武天皇によって、神道の共同宗教としての側面が、確立されたと言ってよい。朝廷で催される季節の変わり目に祝祭を行う日は、この時代に定められたものが多い。

奈良時代の律令下では正月一日の元日節会、七日の白馬節会、十六日の踏歌節会、三月三日の上巳節会、五月五日の端午節会、七月七日の相撲節会、九月九日の重陽節会、十一月の豊明節会と、節日の宴会が開かれた。正月七日や五月五日の節会のように、推古天皇の世まで遡る行事もあるが、天武天皇の世で整ったものが多いのである。それこそが、この天皇の「神にしませば」の所以であろうと、私は思う。

4　天武天皇の「やまとごころ」

寺院の数が十倍以上に増える

一方で天武天皇の時代ほど、寺院が増えた時代はない。推古三十二年（六二四）には寺院の数は四六であったが、『扶桑略記』によれば、持統六年（六九二）の時点で天下の諸寺を数えたところ五四五あったという。奈良国立文化財研究所の出した「埋蔵文化財ニュース」（一九八三年）によると、飛鳥白鳳寺関係の遺跡は七三〇を数えるという。つまり一〇倍以上に増えていることになる。白鳳文化の時代において、日本は飛躍的に仏教文化の時代になったと言える。白鳳という時代について付言すれば、『日本書紀』には出てこず、平安時代末期に成立した『扶桑略記』の天武二年（六七三）条に、備後国から白雉が献上されたので改元し、白鳳と称したと書かれている。天武天皇即位の元年を基準にした、二次的な年号である。ともあれ、これまで白鳳文化は主に美術史上のものとして論じられてきたが、浄御原宮、浅香京と大津宮、藤原京にいたる文化で、たしかに仏教の寺が数多く建てられ、彫刻も多く作られた。近江の例をとると、国分寺が建てられた奈良時代よりもはるかに多いという。白鳳時代を代表する薬師寺金堂の「薬師三尊像」の調和のとれた美しさと内面に秘めた力は、新たな天平の仏への移行を窺わせる。藤原京の薬師寺から移転したもの、と言われる。

私は本書第五章で、墳墓文化が寺院文化に移ったのは、墓が寺に変わったからだ、と述べた。死者の霊が寺に移ったのである。五重塔を含めて、寺が「仏になる」死者を管理し始めたのである。寺に墓が置かれるようになった。公式には第六章で述べたように、墓地を置く地域が限定されたのは、孝徳天皇（五九六～六五四）の頃で、大化二年（六四六）三月二二日の詔（「薄葬令」）によっている。現在のように寺院に墓を置くことがはっきりしたのは、神護景雲四年（七七〇）八月一七日に称徳天皇（七一八～七七〇）を大和の西大寺の東北に葬ったのが初めとされるが、これは天皇の仏寺埋葬の最初であって、既に一般化していたはずである。墓地に石碑を建てる習慣は『諸事縁起集』多武峰《とうのみね》の項にあるように、藤原鎌足（六一四～六六九）のために石塔を建てられ《かの墓所にまいりて、遺骨を掘りとり、みずから首にかけて多武峰にのぼり、十三重塔の底に安ず》とある。まさに遺骨をこれまでの墳墓から、仏塔に移した経緯を語っているのである。それがこの時代であったのだ。

仏教指導者としての天武天皇

こうした仏教寺院の増加とともに、天武天皇自ら、仏教的指針を与えられることがあり、それがこれ以後の日本の生活全般に大きな影響を与えた。それは天武四年（六七五）四月十七日の詔である。《今後、漁業や狩猟に従事する者は、檻や穽《ししあな》、機槍《ふみはなち》（＝機械仕掛けの槍）

の類を設けてはならない。また四月一日から九月三十日までの間は、比弥沙伎理《ひみさきり》（＝魚を捕るための施設か、未詳）や梁《やな》を設けてはならない。また牛・馬・犬・さる・鶏《とり》の肉を食べてはならない。それ以外は禁止の限りではない。もしこの禁令を犯せば罪に処する》（『日本書紀』口語訳）。これにより、日本人が主に魚や大豆から蛋白質を摂取する習慣が決定した、と言ってよい。天皇が日本人の食生活の方向をはっきり示したのである。明治以後、この詔に反して、日本人は牛肉や鶏を食べることを文明開化のように考えたが、現在、やはりこれらを諸般の事情で、控えるようになったから、その指針の正しさを示しているようだ。これはまた、日本人が牧畜・遊牧民となることを放棄したことをも意味したのである。

また同五年五月の勅では、《南淵山・細川山（当時の都・浄御原宮付近の山）で草や薪をとることを禁じる。また畿内の山野で、もとから禁野《しめの》とされていたところでは、かってに草木を焼いたり切ったりしてはならない》という通告を出している。ここにある精神は、木を切ったり焼いたりしてはならない、という大事な縁を守るエコロジーである。これは大和＝山人（やまと）の精神を如実に表しているように思う。牧畜によって森や山を開拓して放牧地にしたり、草木を焼いてやたらに開墾したりすることを禁じることは、日本の山野を守り、祖霊の土地を保ち、自然信仰を大事にすることに通じる。天武天皇はまさに山人心《やまとごころ》の指導者でもあられたのである。

天武十四年（六八五）九月、神社や寺院による平癒祈願にもかかわらず、天武天皇が崩御された。持統皇后は次のように御製歌を詠まれた。

…その山を（神岳を）　振り放《さ》け見つつ　夕されば　あやに悲しみ　明けくれば　うらさび暮し

荒栲《あらたへ》の　衣の袖は　乾《ふ》る時もなし　（巻二、一五九）

天武天皇が朝夕にご覧になる神岳の山並みを、今ながめる持統皇后は、夕暮れを迎えたときの悲しみはいやまし、夜が明ければ心寂しく暮らして、喪服の袖が乾く時もないというほどだった、という歌であるが、山がその表現の中心となっている。

5　「おほきみ」の意味

「天皇」の名称は推古時代から

「おほきみ」という言葉にあてる漢字が、「皇」「大君」「王」とまちまちだったのは、天皇という名称がまだ固まっていないことを示しているが、元来口誦語では「おほきみ」「すめらぎ」「すめらみこと」などを使い、元来、どの文字にあてはめるかは、大きな問題ではなかった。しかし書かれた律令を定めていくこと、口誦の神話や伝承を『古事記』や『日本書紀』という形で文字で残すこと、を決意した天武天皇にとっては、この天皇という語を固定することは必要なことであっただろう。

七世紀前半、聖徳太子の妻によって紡がれた、と書かれている「天寿国繍帳」（中宮寺）に、天皇という言葉があるし、先に述べた法隆寺の「薬師如来座像」の銘にも「少治田大宮治天下大王天皇」とある。聖徳太子も『天皇記』を書かれたと言われる。この頃、すなわち推古天皇の時代から、既に天皇の名称が使われていた可能性は高い。

ただ固定していたとは思われない。推古女帝のほか厩戸皇子（聖徳太子）や山背王も大王と呼ばれていたし、『日本書紀』よりも古いと考えられる『釈日本紀』所載の『上宮記』逸文（『釈日本紀』所載）には、応神帝が「ほむたわけ王」（凡牟都和希王）、垂仁《すいにん》帝が「いくむにりひこ大王」（伊久牟尼利比古大王）、継体帝が「おおど大公王」（乎富等大公王）というように、王と大王、そして大公王という表記がされている。『隋書』によると、七世紀初頭では日本の国王のことを「天子」「アメタリシヒコ」や「アメキミ（天王）」と呼んでいたことを記している。「天王《てんおう》」という称号は『日本書紀』雄略紀五年七月条と同二十三年四月条にも現れている。両記事とも七世紀後半、亡命百済人に関わる『日本書紀』の編纂局に提出されたものということで、直接の根拠にならないにしても、天王と呼んでいたことは確かである。天王という記述の残る書物の性格を考えると、少なくとも対外関係において使用されていた可能性が認められる。奈良時代末に成立した『元興寺伽藍縁起』という記録でさえ、天王と天皇が混用されている。こうした例から見れば、天王と天皇が、同じ意味として漢字で使われていた、と考えられよう。

「天皇」の起源は　天皇とは無論、漢字としては支那から採用した語で、道教の用語である。宇宙を統治する天帝という意味で、北極星が神格化され天皇大帝と呼ばれていた、という（福永光司氏によれば道教思想においては六世紀の後半まで宇宙の最高神の地位を占めていた、という（『道教と古代日本』人文書院、一九八七年）。この天皇という語が、日本の国王の称号として用いられたのも、支那の皇帝に対抗しようとしたからであろう。天武天皇は和風諡号を天渟中原瀛真人《あまのぬなはらおきのまひと》というが、これも始皇帝が真人と称したのを模倣している。

面白いのは中国で皇帝を天皇と称したのは、日本の天武三年（六七四）『旧唐書』高宗本紀に書かれているのが最初のことである。すると、少なくとも日本で使われ始めた後のことだ。日本では多くの学者が、支那より日本の方が早いはずがない、と否定的だが、私は、日本で使い始めたので、それを支那人たちが模倣したのではないか、と考えている。

第八章　古き時代日本の文化力・通商力――遣日使の方が多かった

現在では日本への留学生が一〇万人を超えた。その大半は中国人であり、次いで韓国人である。これだけのアジアからの留学生が来ていること自体、たいへん意味深いことである。日本の経済力や科学技術が注目され、それを近隣諸国の若者たちが学びにやって来ていると言えるが、同時に、日本の文化力といったものの強さという要因を忘れてはならない。

このことは、明治時代においても、中国や朝鮮から多くの留学生がやって来て、日本の「近代化」から多くのことを学んでいったことを思い出させる。中国の国民党の指導者・蔣介石や首相となった周恩来、文豪魯迅や郭沫若もその中にいたことが知られている。そのことは、単に現代の「近代化」の先駆としての日本の技術力だけでなく、明治維新以前からの、日本の外国に及ぼす文化的な求心力の問題をわれわれに突きつけるのである。

1　唐、渤海からの遣日使

現在の日本の歴史書には、ふつう飛鳥時代から平安時代にかけて、遣隋使・遣唐使が送られ、日本が隋・唐からその先進文化を学んだ、と書かれている。六〇七年の小野妹子の遣隋使から八九四年の菅原道真の助言による遣唐使の廃止まで合計一七回にわたって行われ、時には嵐にあっても、それを繰り返した。それは日本が、先進国である中国や朝鮮に学びに行き、その文化を日本に輸入するための情熱によるものであった、と述べられている。この遣唐使の強調が、中国文明の大きさを語るものであり、日本がもともと中国文明圏の一員でその朝貢国であり、『魏志倭人伝』にあるように、卑弥呼という巫女が呪術で国を統治するような遅れた政体をもつ国としてあったのだ、という説明が繰り返される。

遣日使の存在について

しかし遣唐使が強調されることによって、逆の、他国から日本への遣使がそれよりはるかに多いことが閑却されることになった。中国、朝鮮から日本にやって来た遣使の研究はほとんどなされないのである。これは日本の歴史において、常に外国から学び、模倣することから日本文化が形成されている、という歴史家、評論家の固定観念が、日本の、世界における文明的な位置づけを怠らせ、その意義の検討を遅らせてきたのである。遣唐使という言葉はあるが、遣日使という言葉がないこともその証拠である。

『日本書紀』巻二十二、小野妹子が推古天皇十五年七月に隋に派遣された翌年夏の四月に、次のように書かれている。

十六年夏四月、小野臣妹子《おののおみいもこ》、大唐《もろこし》より至る。唐国、妹子臣を号《なづ》けて蘇因高《そいんこう》という。即ち大唐の使人裴《はい》世高《せいこう》、下客十二人、妹子臣に従いて筑紫に至る。……六月壬寅朔丙辰、客ら難波津に泊れり。この日、飾り船三十艘で江口に迎え、新館に安置せしむ。……秋八月辛丑朔癸卯、唐客は京に入る。この日飾り馬七十五疋を遣わし、唐客を海石榴市《つばいち》に迎う。……ここに大唐の国信物《くにつかいもの》を庭中に置く。

ここには隋からの遣日使である裴世清の一行のことが書かれている。使節とともに、七十余頭の馬を贈り物としてつれ、朝廷に参内したことを記している。

これは小野妹子の遣隋使に対する返礼であるが、しかし有名な《日出づる処の天子、書を日没する処の天子に致す。恙なきや》と書かれた国書を伴った遣使に応えるものであり、対等の関係の遣日使といってよい一行である。「蛮夷の書、礼を無《な》みする者有らば、復《ま》た以聞《いぶん》すること勿《なか》れ」と怒った隋の煬《よう》帝《だい》が、日本に中国の「冊封体制」に入れと宣撫するためにやってきた一行である。日本はそれに入ろうとせず、決してその官職・爵号を受けなかった。

舒明天皇二年（六三〇）八月、犬上君三田耜が第一回遣唐使として入唐すると、同四年（六三二）秋八月、唐は高表仁を遣日使として送ってきた。学問僧の霊雲《りょううん》、旻《みん》および勝鳥養《すぐりのとりかい》らを伴っており、新羅の遣使らも従っていた。その一行が、日本の難波津に到着したときに、日本側は船を三二艘も繰り出して迎え《天子（唐の皇帝）の命を帯びたお使が、天皇の朝廷においでになったのを聞いて、お迎えに参りました》と述べたと書かれている。唐の方は《風の吹きすさぶこのような日に、船を飾り整えてお出迎えくださり、うれしくまた恐縮に存じます》と応え、その歓迎ぶりに感謝している。彼らは唐が国家として送り出した使節団であったのだ。

毎年のようにやって来た

こうした唐からの遣日使の来日は頻繁に行われ、とくに天智天皇の治世には、毎年のようにやって来た。その規模も大きくなり、八年（六六九）には朝散大夫郭務悰《かくむそう》ら計二千余人、十年（六七一）には計二千人と多数の船と唐人が来朝していることが記録されている。『日本書紀』巻二七の天智天皇十年十一月の条では、

十一月甲朔癸卯、対馬国司、使を筑紫の太宰府に遣わして言《まお》さく、月生《つきた》ちて二日、沙門道久、筑紫君《つくしのきみ》薩野馬《さつやま》、韓島勝娑婆《からしますぐりさば》、布師首磐《ぬのしのおひといわ》の四人、唐より来りて曰く、唐国の使人郭務悰等六百人、送使沙宅孫登等千四百人、すべて二千人、船四十七隻に乗りて、倶に比智嶋に泊まりて相謂《かた》りて曰く、今われらの人船数衆《かずおお》し、忽然にかしこに至らば恐らく彼の防人《さきもり》驚き駭《あやし》みて射戦わむ。乃ち道久等を遣わして、予め来朝の意を披陳《まお》す

（『日本書紀』巻二十七）

と書かれている。

ここで理解できるのは、この年、唐から二〇〇〇人の人々が船四十七隻に乗ってやって来て、日本との交流を望んでおり、日本と通商しようとしていることである。唐からの使いは《書函《よみばこ》と信物《くにつもの》を進《たてまつ》る》とあたかも献呈しているかに言っているが、彼らとともに数多くの商人たちがやって来ており、唐物の交易を行おうとしていることが理解される。

天武天皇元年（六七二）でも、来日した郭務悰等が、信物《くにつもの》を献上したのに対し、朝廷は《すべて絁《あじきぬ》千

六百七十三匹、布二千八百五十二端、綿六百六十六斤を賜った》と書いているのは、宮廷がこれだけの取り引きを行ったことと考えられる。唐人にとっては、遣唐使よりも遣日使の方が重要であった。遣日使に伴う通商の利益の方が大きく、それだけ実質的なものが優先されていたからである。彼らによる唐物の輸出による利益は、回数の少ない遣唐使がもたらすものよりもはるかに多かったのである。正倉院の財宝を研究した長沢和俊氏は、正倉院に献納された唐物の多くは、遣唐使がもたらしたものではなく、このような唐人たちのものによると、推測している（『正倉院の至宝』青春出版社、二〇〇二年）。

山尾幸久氏は、遣唐使とは「国家の大事」として、《王権の専権、外交大権》に属するものであり、基本的には新天皇の即位を「東アジア」に告知するという意味をもっており、天皇が代わると派遣されたものだと述べている（「遣唐使」『東アジア世界における日本古代史講座』学生社、一九八二年）。これに従えば、遣唐使は中国に「進んだ文化」を学びに行くのではなくて、新天皇の即位を知らせに行くという、逆の日本文化の宣伝の役割をもっており、これまでの遣唐使の考え方を一新するものである。この典型的な例として、聖武天皇から孝謙天皇に禅譲する七四九年の翌年に遣唐使が組織されたことである。天皇の即位を知らせるだけでなく、七五二年においてはまさに大仏開眼の儀式が執り行われることになっており、彼らにそれを告知することであったのである。それは「東アジア」に日本の仏教文化の精華を示すことであった。

なぜ遣日使と呼ばないのか

ところで唐から来た人々は、自らを文明の高い国から来たと思うせいか、遣日使と呼ばない。しかし基本的には、それは他の近隣諸国、渤海とか新羅からの遣使と同じ性格であり、遣唐使と対等にそう呼ばれなければ理解できないものである。

実をいえば渤海も中国東北部に位置する国で、今日で言えば中国の一部である。高句麗滅亡後、六九八年に震国を建てて唐より自立した。しかし七一三年に渤海の名のもとに唐の「冊封体制」に組み込まれている。その国が、日本に対してさかんに遣日使を送って来たことは、たとえ現在存在しない国だからと言って、無視してよいとは思われない。この国との関係が、当時の日本の政治的・文化的な力を如実に示しているからである。

渤海は神亀四年（七二〇）から延喜二十二年（九二二）まで、約二〇〇年の間に三三回にわたって、遣日使を送って来た。それに対して日本からの遣渤海使は一三回であった。その回数は二・五倍以上であり、遣日使としては隣国の新羅と並んで多かった。やはり唐と同じように貿易を行っており、毛皮類や人参、蜜などがもたらされ、一方日本からは絹、絁《あじきぬ》、綿、糸などが送られた。この交易品を見ると、渤海からのものが主に、貂、豹、熊の皮製品などで、日本からのものが繊維加工品であるのも対照的である（東野治之「日唐間における渤海の中継貿易」『日本歴史』一九八四年）。さらに渤海と唐との関係より、唐から渤海への回賜品が日本へ、日本から渤海への交易品が唐へ渡るという中継交易がなされていた。渤海は日本と中国の仲介をしていたのである。

天平勝宝四年（七五二）の大仏開眼の年に、渤海からの遣日使がやって来て、九月から翌年の六月初めまで長期滞在をしている。明らかに奈良の大仏が完成したのを記念して、そのお祝いに駆けつけた一行である。

また宝亀三年（七七二）六月に渤海から日本へ着いた一行は壱万福という人物に導かれた三二五人という大人数の使節であった。この数からも彼らの力の入れようがわかる。延暦十五年（七九六）には、渤海はもっと回数を多く交流することを要望し、それに日本が六年に一度と提案したところ、さらに多くすることを要求した。それでついには、渤海からの遣日使の間隔の制限を完全に撤廃することになった。それ以後、毎年のように遣日使はやって来るようになったのである。しかし商取引がさかんになりすぎ、ついには私的な交易となるに及んで、天長五年（八二八）に禁止されるに至ったほどである。だがその後も続いていることは貞観十四年（八七二）の『日本三代実録』でも遣日使が来ていることでわかる（酒寄雅志「渤海の交易」佐藤信編『日本と渤海の古代史』山川出版社、二〇〇三年）。

2　新羅からの遣日使

三五回もやって来た

こうした唐や渤海からよりも、さらに顕著に遣日使を送って来たのが、朝鮮の新羅である。新羅という国は、七世紀後半唐と連合して百済を滅ぼし、次いで六六八年に高句麗を攻め落とした。六七〇年には唐の勢力も半島から駆逐して、朝鮮半島を統一した。

文武天皇（在位六九七〜七〇六）から光仁天皇（在位七七〇〜七八〇）のおよそ八〇年の間だけで、この新羅から日本へ三五回の遣日使がやって来た。この数だけ見ても、いかに日本と新羅の関係が濃密であったかが窺われる。

新羅の史書『三国史記』で新羅・聖徳王三十年（七三一）四月の条に《日本国の兵船三百艘、海を越えて我が東辺を襲う》と書かれている。これを裏づけるかのように、翌年の九月、日本の太宰府が強化され、国内も各地の節度使が補われて、軍事的緊張があったことが知られている（保立道久『黄金国家』

青木書店、二〇〇四年、四七頁）。はたしてこの新羅への攻撃が行われたのか、日本側の史料がないので確認できないが、両国の間に緊張関係があったことは確かである。既に七三八年、七四二年、七四三年に連続して大規模な使者を日本に派遣していた。これは七三一年の日本の新羅出兵という事態が、日本・新羅間の緊張を生み出していたからであろう。

大仏開眼のための来日　あの大仏開眼の年の天平勝宝四年（七五二）、『続日本紀』巻十八によると、三月二十二日の条に《己巳（二十二日）大宰府奏す。「新羅の王子韓阿飡金泰廉、貢調勉大使金暄送王子使金弼言ら七百人、船七艘に乗りて来泊す」》と書かれている。船七艘に乗って七百余人の新羅の人々が来日したのである。

その年の六月十四日の条に、

> 新羅の国王から、日本に君臨する天皇の朝廷に言上します。新羅の国は遠い昔の王の時から代々絶え間なく、船と楫《かじ》を連ねて日本に渡来し、国家（天皇）に奉仕してきました。この度も国王がみずから来朝して御調《みつき》を貢進したいと思っておりますが、顧みて思うとたとえ一日でも主がいないと、国政が弛《ゆる》み乱れます。そこで、王子の韓阿飡《かんあさん》の泰廉を遣わして、王に代る名代とし、使いの者三百七十余人を率いて入朝させ、その上種々の御調を貢進させます。謹んで以上のように申し上げます。
>
> （『続日本紀』中、宇治谷孟訳・講談社学術文庫）

このような口頭の奏上に対し、次のように孝謙天皇は詔《みことのり》し、泰廉も奏上している。

新羅の国は遠い昔の王の時代から、代々絶えず国家（天皇）に仕えてきた。今また皇子泰廉を遣わして来朝し、その上御調を貢進してきた。新羅王の忠誠を朕は喜んでいる。今度も末長くいたわりいつくしみを加えよう。

泰廉はまた奏上した。

天のしたはあまねく王の土地でないところはなく、陸地の続く限りすべて王の臣下でないものはありません。泰廉は幸いにも聖《ひじり》の帝の御世に生まれ、日本に来朝して供奉《ぐぶ》することが出来たことは喜びにたえません。公の調のほか、私的に用意してきました国の産物を、つまらないものではありますが、謹んで進上いたします。

天皇はこれに対する詔《みことのり》を出して、泰廉が奏上することを聞き届けると答えた。（同前）

日本の歴史家の解釈は、これが新羅側が、貿易によって経済的な利益を得んがための虚言であるとか、形式的なものであるとかいうものである。そこには日本の天皇がそのような権威ある強い存在ではない、という判断があるからである。しかしここに述べられているのは、朝貢国と宗主国の関係である。日本は唐に対しては対等な関係であり、新羅に対しては宗主国の位置をとっていることが窺える。大仏開眼の翌年、唐の長安において、式の席次の問題で、日本が新羅の下に置かれたことを抗議して改めさせたという話があるが、これも、この認識によっているのである。

新羅の国が朝廷に供奉するのは、気長足媛《おきながたらしひめ》皇太后（神功皇后《じんぐうこうごう》）がかの国を平定した時以来、今に至るまで、ずっとわが国を守る垣根の役を果たしてくれた。ところが前国王の承慶《しょうきょう》（孝成王）や大夫の思恭《しきょう》らは言行が怠慢で、常に守るべき礼節を失ってきた。そこで使者を派遣して、罪を責めようと思っている間に、今度、新羅王の軒英《けんえい》（承慶の弟。景徳王）は、以前の過ちを悔いて、みずから来朝したいとこいねがったが、国政は顧みなければならぬので、そのために王子泰廉を遣わして代わりに入朝させ、兼ねて御調を貢進するという。朕はこれを大へん嬉しくよろこばしく、使者に位をおくり物を賜わる（同前）

また次のようにも詔した。

これから後は、国王みずから来朝して、直接ことばで奏上するように。もし代りの人を派遣して入朝するのであれば、必ず上奏文を持参するように（同前）

この態度は高圧的であったとか、封建的であるとか言われるが、それだけ日本が重要な国であったという認識がなされねばならない。日本にとって神功皇后が朝鮮出兵をし、新羅を討ったことは事実として認識されていたのである。新羅が中国や北方民族の来襲に対する防壁の役割をもっていた、ということも知られていた。これが当時の日本と新羅の関係であったのであり、この詔《みことのり》はそれを要約するものであったのである。李成市氏は『正倉院文書』に残されたこの新羅使節がもたらした御調が、貿易品として国家の威信をかけたものであったことを認めている。その中に黄金も含まれていたという（李成市

『東アジアの王権と交易』青木書店、一九九七年）。

3　日本に帰化した遣日使

鑑真来日の意義

日本にやって来た唐の人物で、最も有名なのは鑑真（六八八〜七六三）であるが、彼が五度の渡航に失敗したにもかかわらず、日本にやって来たことはよく知られている。その情熱はいったい何であっただろうか、もっと問う必要がある。ただ律宗を教えにやって来るだけなら、このような困難な来日をすることはなかったであろう。

その伝記を記した『唐大和上東征伝』は、二人の遣唐使が、揚州の大明寺に着くと鑑真和上を訪ねるところから始まる。次のようなやりとりがあったという。

〔遣唐使栄叡曰く〕仏法東流して日本国に至れり。その法ありといへども伝法に人なし。本国にむかし聖徳太子といふ人あり、曰く、『二百年の後、聖教日本に興らん』と。今この運に鍾《あた》る。願はくは和上東遊して化《げ》を興したまへと。大和上《だいわじょう》答えて曰く「昔聞く、南岳の恵思禅師遷化の後、倭国の王子に托生し、仏法を興隆し、衆生を済度すと。又聞く、日本国の長屋王、仏法を崇敬し、千の袈裟を造り、此の国の大徳・衆僧に来施す。其の袈裟を縁上に、繡着ける四句に曰く、『山川域を異にするも、風月点を同じくす。諸仏子に寄せ、共に来縁を結ばむ』と。此れを以ちて思量するに、誠に是れ仏法興隆、有縁の国也。今我が同法の衆中、誰かこの遠請に応じ、日本国に向ひて法を伝ふる者有らむや」

と。時に衆黙然《もくぜん》として、一《ひとり》も対《こた》ふる者無し。……和上曰く、是は法事のためなり、何ぞ身命を惜しまん。諸人《もろひと》去かずんば、われすなわち去かんのみ。（『唐大和上東征伝』）

この鑑真の言葉は、日本に来る所以がもっと深いものであったことを示している。まず日本の倭国の王子、つまり聖徳太子に、中国の恵思禅師が遷化《せんげ》したことを聞いている、と述べていることである。遷化とは高僧が死んで他の国に移って教化するという意味である。恵思という人物は、中国天台宗の祖の一人であり、南岳大師と呼ばれた偉大な高僧である。その生まれ変わりが聖徳太子であり、日本で仏教を盛んにし、人々を導いた、と考えているのだ。日本が聖徳太子の国であり、その太子は恵思の遷化である、と考えるまでに至っているのである。この言葉は、いかに聖徳太子の名が中国でも評価されていたかを示し、中国とのつながりがあることが認識されていたことを物語っている。聖徳太子によって日本が尊敬されていることがよく表されているのだ。

また長屋王が、千枚もの袈裟を作り、それを中国の僧侶たちに贈ったことを述べ、これに彼らが感謝していることがよく分かる。国は違うが、お互いに協力し合おう、と語られ、仏教で結ばれた縁の深い国同士であると認めている。そして他の皆が躊躇して黙ってしまったのに対し、鑑真は、自らその招きに応じて行く、という強い意志を示している。そこにはこれまでの日本の歴史家が考えてきたような、戒律を教えにやって来る中国の高僧というよりも、日本を敬愛する謙虚さ、真摯さが感じられる。

鑑真は東大寺の戒壇院を建て、さらに唐招提寺を創建した。彼の来朝の決意は五五歳のときだから、日本で骨を埋める覚悟をしていたのである。このような例は鑑真だけではない。遣日使で来た唐僧がそのまま日本に居着いた例は、数多い。大和の長谷寺を開いた道明、経典の音読にあたって漢音の普及に尽力した道栄、なかでも知られているのは、律宗を弘め、天台・華厳二宗興隆の先駆となった道璿《どうせん》である。鑑真が連れてきた僧侶の中では、弟子の僧の一四人の他、胡国人安如宝、崑崙国人軍法力、瞻波国善聴ら二四人がいる。この二四人の内の、胡国人とはペルシャ人などの西方の人であり、崑崙国人とは東南アジア系の人であり、瞻波国人とはベトナム人のことである。

これら三人は唐招提寺の建立にあたっては仏像制作に貢献したことが『唐招提寺建立縁起』に書かれている。唐招提寺の諸仏像を作るに際し、天平の東大寺や興福寺のそれから学ぶことも多かったに違いない。

僧侶ばかりではない。文化人もそうである。そのなかで日本の役人になったものも二〇人近くいることが知られている。遣唐使で行った阿倍仲麻呂のように、中国宮廷で重用され、政府の高官にまでなった例はよく知られており、最近でも若くして死んだ日本人（井真成）が、その才能を惜しまれて石碑にまで書かれていたことが公表された。しかし遣日使として来た唐人が帰国せずに日本に残った例の方が、はるかに多いのである。仲麻呂は帰国しようと企て望郷の念が去らなかったが、彼らは帰ることができたにもかかわらず、日本に帰化し永住しているのである。彼らはそれぞれ姓を賜り、官位を授けられている。

その例として、天平宝字五年（七六一）袁晋卿《えんしんけい》は清村宿禰という姓名を賜り、漢字の専門家として大学音博士となり、安房守にもなっている。彼は雅楽にも秀で、天平神護二年（七六六）には法華寺の舎利会で同じ帰化した唐人の皇甫東朝、皇甫昇女とともに唐楽を奏し、ともに従五位下の位を得ている。

決して遣唐使だけが唐の文化を伝えたわけではない。

空海の例の重要性

日本人への尊敬という意味で思い起こされるのは延暦二十三年（八〇四）、遣唐使の一人として唐に渡った空海のことである。長安にいた密教の最高の権威であった恵果《けいか》が、弟子二千余人の中国僧をさしおいて、その秘法をたった三年の滞在しかしなかった空海に伝授したという事実は、このことをよく示している。あたかもそれを伝える空海の虚構のように見られがちであるが、それは邪推である。恵果は唐僧の義明《ぎみょう》と空海の両方にその秘法を伝えており、中国僧の義明の方は早逝し、空海だけが残されたのである。

我れ先より汝が来ることを知りて相待つこと久し、今日相見ること大に好し、大に好し。報命竭《つ》きなんと欲すれども付法に人なし。必ず須《すべから》く速やかに香花を弁じて灌頂檀に入るべき。（『請来目録』）

恵果は日本から空海が来ることを知って待っていた。会えて大変うれしい、と言っている。自分の命が尽きようとしているのに、教える人がいない。こうして空海にすべて教え、それでこの教法を守ろうという。空海は八カ月で伝法灌頂を授かった。

恵果は遺言でこう述べている。

汝が来たれるを見て、命の足らざることを恐れぬ。今即ち授法のある有り、経像功おはりぬ。早く郷国に帰って、もって国家に奉り、天下に流布して蒼生の福を増せ、然れば即ち、四海平らけく、万人たのしまん。是れ即ち仏恩に報じ、師徳を報ず国のために忠、家に於ては孝なり。義明供奉は此処にして伝へん、汝はそれ行きて東国に伝へよ。努力、努力。（『請来目録』）

ここには日本において、その正統密教が確立することを願う師の言葉がある。空海は日本の国家だけでなく、四海、中国を含め世界を平和にし、幸福にするという使命感を持つことを学んだのである。

空海のそれ以後の活動を論ずる紙幅はない。ここでは恵果の空海への評価そのものが、日本への評価というものであり、すぐれた民族の才幹こそが、一国の盛栄だけでなく、世界の人民の幸福を創り出すのだ、という経緯を見て取ればよい。《我と汝と、久しく契約有て、誓つて密蔵《みつぞう》を弘《ひろ》む。我れ東国に生れて、必ず弟子とならん》と、恵果は言ったという。師が弟子となると言っているのである。これ以後、中国の方から日本へ正統密教を学びにやって来ることになる。

聖徳太子から空海までの時代に、遣隋使、遣唐使が十数回送られたが、それ以上に遣日使が各国から日本にやって来たことは、単に日本の中華思想があったからではない。そのような思想はどこの国でも存在するもので、国の方針がそうさせるのではない。ただ日本の通商力、文化力そのものが、宗教にとっても、国家にとっても重要だ、という認識があったからこそ、このような遣日使が送られてきたのである。そのこと自体を、日本人が自覚しないかぎり、各国の思想も力も理解できないこととなる。

第九章　唐文化は「中国」文化ではない――正倉院御物は語る

1　唐文化は「中国」文化ではない

「中国」という言葉の誤解

唐（六一八～九〇七）の文化は「中国」文化ではない、と私は考えるようになった。端的に言えば、唐そのものが中央アジアからの鮮卑族系から発したものであり、その文化も西域、ペルシャなどの影響が強く、その最も重要な仏教文化はインドからのものである、ということである。むろんこれまでの歴史家たちも、唐の国際性や西域性については指摘してきた。しかし私がこれを強調するのは、日本の奈良文化が唐の文化の影響を受けた、というとき、それは唐という「中国」＝漢人の文化という先入観があることに強く疑問を持つからである。「中国」という言葉が「支那」という国名を超えて、いつのまにか「中華の国」という大国観念を振り撒く底に、支那大陸の多くの民族の興亡というその歴史の実態を忘却させてしまうからである。

とくに歴史家は、日本の「遣唐使」が唐の文化を学ぶために、日本が定期的に留学生を送り出し「中国」の高い文化を学ぶことによって日本文化の基礎が作られた、と思っている。その遣唐使の無名の一人であった井真成《せいしんせい》の墓誌が発見され、その夭逝を惜しむ言葉がいかにも「中国」人の懐の深さを示すものと、一斉に報道され、展覧会さえ開かれた。しかし私はその墓誌の言葉と、その翻訳の小さな違いを発見して腹立たしく思った。というのも墓誌には「国」とだけ書かれているのが、翻訳では「中国」と訳されている。この時代には「中国」と呼ばず、唐という国名があったはずである。その唐は実を言えば「中国」ではないとすると……。

正倉院が示す中国

そう考える発端は、正倉院に納められている様々な御物に、いかに純粋に「中国」のものが少ないかに気づいたことによる。正倉院御物といえば、「中国」からもたらされたものと思われがちだか、それは意外に少ないのである。これは聖武天皇と光明皇后が、同時代の様々な工芸品、美術品の数々を集めたものである。彼らが尊敬していたはずの唐文化の精華を取り入れたわけだが、そこに「中国」風のものが少ないのだ。

遣唐使をはじめ、唐の文化は飛鳥、白鳳、天平時代に大きな影響を与えたが、それが歴史家の常識になっている部分は、実を言えば唐の文化の実際そのものを検討することがあまりなかったために、唐の文化が「中国」の文化として絶対的なものになってしまったのである。唐と言えば「漢詩」文化と言われるが、唐詩の豊かさは、必ずしも「中国」＝漢文化が本質ではない、ということでもある。他の唐の文化自体の関連研究が少なかったため、誤解が生まれてしまったのだ。

2　正倉院の代表的御物は西アジアのものが圧倒的

唐文化の日本への影響を端的に表しているのは正倉院御物の内容であり、これらにペルシャや西アジアのものが多いのは、唐が国際性のある国家だったから、という言葉で、これまで解説されてきた。しかし、これらを見ていると、その「中心」の「中国」＝漢文化性が見えてこないのである。つまり唐の言葉で、日本人が感じている「中国」性がない、ということである。

漢民族のものは少ない

正倉院の御物を分類すると、楽器、伎楽面、服飾品、楽舞装束、工匠品、武器武具、文房具、遊戯具、調度品、飲食器、年中行事用具、香薬、仏具など多岐にわたっている。

その中で、代表的なものを見ていこう。正倉院御物のうちから一点だけ選べと言われれば、ほとんどの人がこれを挙げる、とガイドブックに書いてある美しい楽器がある。それは「螺鈿紫檀五弦琵琶」であるが、五弦琵琶はもともとインド起源と言われている。またそこに描かれた文様は西域的なもので「中国」的なものはほとんどない。敦煌の壁画や古墳から発掘された俑の抱える楽器の中に、似ているものがあるから、他の地方で見出されてもいいのだが、中国の他にないのも不思議である。今のところこの正倉院のものが唯一のものである。

「胡人」の文化が多い

この表面を見ると、ラクダに乗る胡人（ペルシャ人）が、ナツメヤシの下で琵琶を弾いているところが描かれている。表面は螺鈿《らでん》で、裏面は紫檀で作られ、螺鈿による大宝相華文、含授鳥《がんじゅちょう》、飛雲が描かれている。これらも中央アジアモチーフのものである。

もう一点の有名な「中国」的と言われる琵琶を見てみよう。「楓蘇芳染螺鈿槽琵琶《かえですおうそめらでんそうのびわ》」であるが、表面には「騎象奏楽図」と呼ばれる、白象にのった楽人が散楽を演奏しているさまが描かれている。インド、あるいはペルシャ的な人々の様子が、中国の山水画を背景として描かれているのである。裏面には金箔、螺鈿、タイマイ、緑青などが施されているが、いかにも西域的な図様である。一方、顔料などは日本のものが使われており、ペルシャ系渡来人が、西域やインドの題材をモチーフに日本で制作したものと考えられている。背景の山水画的なものが、「中国」的と言えるが、しかしこれが「唐」的であるとすると、この部分は主役にはなっていない。

「平螺鈿背八角鏡《へいらでんはいのはっかくきょう》」は、白銅製の宝模様で、東南アジア産の螺鈿、ミャンマー産の琥珀、孔雀石、イラン産のトルコ石、アフガニスタン産のラピスラズリ（青金石）などがはめ込まれている。これを見るとあるいは琥珀が「中国」的であると言える程度である。外縁が八つの花弁を表している、大きな「鳥《ちょう》獣背八花鏡《じゅうはいのはっかきょう》」は、白銅で鋳造されたものであるが、その背面には、左右に一対の鳳凰、上下に麒麟と獅子が描かれている。これらの霊獣は、いずれもオリエント起源ということができる。あるいは淡褐色のカットグラスの「白瑠璃椀《はくるりわん》」は、大仏開眼会に正倉院に収められたものだが、これもササン朝ペルシャの工房で多数出土しているものと同じである。これは六世紀の安閑天皇陵からも出土しているので、八世紀のものとは言えない。

漆器では、「漆胡瓶《ぬりのこへい》」は鹿、羊、鳥、蝶、草花などが描かれた鳥頭形の口を持ったペルシャ風の水瓶で、漆塗が施されている。ササン朝の銀製水差し、唐朝の陶製の水差しと形がそっくりである。「狩猟文銀壺」は大仏に捧げられた仏具であるが、ここにも、ササン朝ペルシャ風の、馬に乗って振り返り様に矢を放つ人物の姿、つまり狩猟文が描かれ、そこに飛雲、有翼馬などが彫られているのである。「羊水﨟纈《ろうけち》屛風」も、ササン朝ペルシャ風の樹下動物文であり、樹木、羊、猿などが描かれている。これなどは、正倉院の国際性をよく示すもの、と言われるが、実を言えば、これ自身は日本で作られたものであることがわかっている。つまりペルシャ風のものに日本人が影響を受けた、と言うことができる。「中国」風ではないのだ。『象木﨟纈屛風』も『麟鹿草木夾纈屛風』などもモチーフはインド風でありながら、国産屛風である。

別に私はわざと非「中国」風のものを選んだわけではない。「唐三彩」と言われる陶器があるだろう、と言われるかもしれないが、ここには「唐三彩」らしいものはごく少ない。現存する陶器五七点のうち五点にすぎない。他のものはすべて二色以下で、「奈良三彩」と言ってもよいものである。「鳥毛立女屛風」も、「唐美人」の姿ではないか、と指摘されるかもしれないが、しかしこれも日本で制作されたものであることが、そこに用いられた雉の毛が日本産であることから分かっている。また、この描かれた美人は「中国」風でも、この図で重要な樹木は南方風である。

3　なぜ伎楽面にはペルシャ的なものが多いか

仮面が示すアジア性

さらに非「中国」風と考えられるのは、伎楽面である。正倉院に納められた伎楽面には、治道《ちどう》、師子《しし》、呉公《ごこう》、呉女、金剛、迦楼羅、崑崙《こんろん》、婆羅門、酔湖王などがある。これらの面は桐の木彫りが多く、漆が塗ってあるものもあり、一七〇以上もある。これらの面を被って行進し、歌舞を奉納する。これなどは、非「中国」風の特徴を最もよく示している。主な伎楽面について見てみよう。

まず「治道面」は、赤ら顔で、鼻が異常に高く、長い口髭を蓄え、手に杖を取って行列の先導役を果たす。これなどは非「中国」風で、彼らにとっての外国人を示していたに違いない。それは日本の天狗面と似たところがある。「師子面」は、獅子舞の獅子と同じで、ライオンが原型である。ライオンが南方のものであり、それを踊るということは、その記憶をたどるということでもある。獅子頭と前足、胴体と後足を一人ずつで受け持ち、獅子児が綱を持って連れて行く。それはまさに彼らの出自の記憶を物語るものなのだ。

「金剛」は、仏法の守護神だが、古代インドの護法神であり、民間信仰では樹精神ヤクシャーと言われている。目を吊り上げ、眉間に皺をよせ、口を開いた「忿怒像」の顔をしている。髪は頭上で結いあげている。『伽楼羅《かるら》』は嘴をつけた鳥の面であり、インドの神話に出てくるビシュヌ神が乗る霊鳥で、一切の悪を喰い尽くすと言われている。

「崑崙」はその名が、マレイ系の東南アジアの人々のことであり、大きく目を剝いて、眉を吊り上げ、牙を剝き出す怒りの表情をしている。「婆羅門」はインドの聖職者バラモンから来ており、髪を剃り、大きな鼻のユーモラスな顔をしている。「酔湖王」は、酒に酔ったペルシャ王で、赤ら顔をしているが、その顔の彫りは深く、鼻が異常に尖っている。口からあごにかけて髯を蓄え、ペルシャ風の高帽子を被っている。

「呉公」だけは、「中国」の江南の呉の王らしく、宝冠を戴き、髪を結った面で、「呉女」の方も、髪を二つに結い上げ、穏やかな表情をしている貴婦人となっている。だが彼らとて、もとは天竺胡人で、江南にやって来た魔術師であったという話もある。

日本では伎楽は『日本書紀』にも述べられているように、百済の味摩之《みまし》が日本に帰化して、呉から学んだ伎楽の舞を伝えた、とされる。それが法隆寺の四天王寺で飛鳥時代に演じられたことが知られるが、伎楽の起源は、もともと玄奘の『大唐西域記』などの記述を見れば、西域の亀茲楽《くちゃ》にある、と考えることができる。亀茲王国はトカラといい、天山山脈南麓のオアシス盆地にあり、東西の中継貿易で栄えたところであった。この王国は中国の秦・漢帝国や、匈奴、突厥などの騎馬民族との争いに悩まされたが、巧みな外交交渉で生き残ったと推測されている。特に小乗仏教が盛んで、玄奘によれば、一〇〇余の伽藍があり、五〇〇〇人の僧侶がいたという。

ペルシャやインド起源の楽器が亀茲に伝わり、そこから西域、唐を経由して日本に伝わったとのことである。この亀茲楽は日本の雅楽の構成と似ており、楽器は、琵琶、笛、羯鼓、ひちりきとなっている。亀茲で発見された舎利容器は、笛や太鼓を鳴らす楽人と西域風の衣裳と仮面をつけた舞人が行進する絵が描かれていることで知られている。これが、「行進」と伎楽の源流ではないかと考えられている。亀茲などで、ペルシャやインドの歌舞、宗教の影響を受けつつ、独自の祭りの様式ができあがった。

いずれにせよ正倉院の伎楽面が示しているのは、「中国」からの文化ではなく、それを飛び越えたペルシャ、亀茲などのもっと西の文化なのである。こうしたペルシャ、インド、東南アジアなどの強い影響は正倉院の他の御物でも多く見られる。約六〇種も保存されている香薬もまたそうである。例えば最上級のものとされる「黄熟香《おうじゅくこう》」は、蘭奢待《らんじゃたい》とも呼ばれ、空海が中国から持ち帰ったと言われるが、正倉院のものはベトナム北部で産出されたものである。麝香皮《じゃこうひ》は、麝香鹿の皮から採れるが、その生息地域は、ヒマラヤ山系、中央アジア、中国東北部、朝鮮北部である。白檀はインドの香水であるし、蘇芳《すほう》は、中国、南アジアの豆科植物から採れるものだ（柴田承二監修、宮内庁正倉院事務所編『図説正倉院薬物』中央公論新社、二〇〇〇年）。

唐へのペルシャ文化流入

それでは正倉院の御物には、どうしてペルシャ風の工芸品や、インド、中央アジアから来たものが多いか、ということになる。ペルシャ風については既に、次の説明がなされている。六五一年にササン朝ペルシャがサラセン帝国ウマイア朝の攻撃によって滅亡し、その王子ペーローズが唐の長安に亡命したのである。高宗皇帝がそれを受け入れたのは、もともと西域に親近感があったからであろう。このペルシャ王家とともに、多くのペルシャ王侯貴族、家臣、祭司、楽人、工芸家、商人などが移民となって長安に流入したというのだ。

唐にはペルシャの金銀などの器、瑪瑙や玉などの宝石、さらにはペルシャのフェルト、絨毯、貨幣なども流入し、ペルシャの音楽、舞踏、衣裳、風俗などが流行した。唐朝は鮮卑族の出で、もともと西域の出であるから西方からの文化流入、交易の円滑化政策が行われていた。工人もやって来て、長安の工房でペルシャ風の工芸品が制作され、それらの一部が遣唐使や商人によって、日本にもたらされたのであろう。またそれらの技術が日本に入ると、日本の工人たちがそれらを模倣し、それ以上の技術で制作したのかもしれない。ペルシャ風だが日本にしか見られない工芸品も多々あるからである。

奈良時代には『続日本紀』でも知られるように、ペルシャ人の李密が来日している。彼を中心としたペルシャ人などの一行が、奈良を訪れ朝廷に受け入れられていることが分かる。こうした公式な接触以外にも、西域からの商人たちがいたに違いない。先に挙げた以外にも、ガラス器、装身具、織物など、正倉院にはペルシャの製品が多いのである。

4　唐の文化はインド仏教起源が中心であった

「中国」のものではない仏教

日本では飛鳥、奈良時代はまさに仏教文化が華開いた時期であり、それは唐からもたらされたものと言われる。しかし奈良文化の最大のイベント、大仏開眼の場に僊那というインド僧がいたように、仏教文化はインドから発したものであり「中国」のものではない。

ここで指摘されなければならないのは、「中国」史ではその多くの時期に、遊牧系の非漢民族政権（北魏、遼、金、元、清）に支配され、彼らがいずれも仏教を重視することである。この仏教文化を漢文化と混同することは誤りである。これらの遊牧系の民族は、一貫して外来の仏教を取り入れ、王朝儀礼として「中国」古来の郊祀よりも、仏教寺院の儀礼を執り行っていた。

「中国」では漢時代の末になると、文字通り「天下大乱」のなかで、その文明自身が崩壊の過程にあった。人々の心は退廃し、新しい救済を期待されたと言われている。そこに西域の諸民族が、インドから仏教をもたらし、人々はそれを精神的な支柱にした、と言うことができる。六朝時代には仏教国家が既に樹立されている。それは「中華文明」と異なる新しい外来文明であった。

隋と唐の文化の特色と言えば、その基本が儒教や道教ではなく、仏教であることである。それは漢とは異なる民族の文化であることを意味しよう。漢の時代に作り上げた「古典文化」は儒教、道教の考えかたが基本である。しかし儒教が「四書五経」に拘泥する虚学に成り果て、それに基づく政治が権謀術数に明け暮れるようになると、仏教の僧侶の出現は新しい力となった。それとともに、自然科学の発生、寛容と衆生《しゅじょう》と生きる新たな道徳は、異質な力で、「中国」文化を刺激する基因を与えたのであった。隋の文帝は、人々に自らを「転輪聖王《てんりんじょうおう》」と呼ばせ、世俗世界における理想的帝王になぞらえたことが知られている。仏教国家として隋をつくろうとしたのである（アーサー・F・ライト『「中国」史における仏教』第三文明社、一九八〇年、参照）。

仏教は儒教を超えた世界宗教の性格を持っている。人間の個人単位の精神に訴えかけ、風土性、民族性に依拠する儒教の儀礼性とは異なっていたのである。それは非漢族による「中国」外部からもたらされた宗教であり、「中国」人の中から生まれたものではなかった。非漢族の文化の豊かさを「中国」人が学んだのである。この外国の宗教、仏教が流布したのが隋、唐の時代であった。

インドと中国の関係

インド仏教がいかにして「中国」にもたらされたかを、ここでは論じない。ただ常に、インド（天竺）を経由してこれまで述べたような西域の文化が「中国」に流入したことが歴史書に記されている。初めて公式に仏教を運んだのは、『漢書』西域伝によると、後漢（二五～二二〇）の明帝（五七～七五）の永年八年（六五）の記録で、仏陀は「西方の神」と認識されている。帝が天竺に使いを遣わし、仏道の法を尋ねさせ、その形像の図面を持って帰らせたという。『魏書』の釈老伝によると「天竺」に遣わして「浮屠の像」を写させた。帰るときに沙門（僧侶）を洛陽に連れて帰った。それで仏を礼拝する法が始まった、と書かれている。そのとき仏典四二章と釈迦の立像を持ち帰った。それを持ってきた僧侶が、白馬の背に乗せて仏典を運んで、洛陽城に白馬寺を建てた、という。

このように経典と仏像が運ばれてきて初めて仏教が伝来した、とされるのは、日本でも同じである。日本においては『日本書紀』に記されているように、五五二年に欽明《きんめい》天皇が百済から経巻と仏像が贈られた、と記している。これは朝鮮でも同じで、東晋（三一七～四一九）の簡文帝（三七一～三七二）の三七二年に秦王の符堅が僧侶を高句麗へ遣わし、やはり、仏像と仏典を贈った、と書いている。このように仏教伝来が、東洋諸国にインドから近い順に伝来していったことになる。いずれにせよその源がインドであることにはちがいはない。

『唐書』によると、四〇〇年頃、敦煌の西涼に大守李暠がいた。この李暠の七世の孫が唐の祖、李淵であるという。つまり唐帝国の祖たちが、このような西域から出たことを示しているのである。その西は沙河があって砂漠地帯であった。これこそ、唐が仏教を取り入れ、「中国」ではない国家を創りあげる基因となるのである。

天竺に仏教を求め『暦遊天竺記』『佛国記』などを書いた法顕（三三七～四二二）から二〇〇年後、唐代の僧玄奘（六〇二～六六四）も求法のために西域に向かっている。玄奘は山西の人で姓は陳氏、洛陽の浄土寺にいたが、隋が滅んでから長安に入り、成都で学んでいた。異説もあるが、太宗の貞観四年（六二九）頃出国して、同十九年（六四五）に長安に帰ってきた。一六年に及ぶその求法の紀行は『大唐西域記』十二巻となって、玄奘が持ち帰った厖大な経文とともに残っている。

法顕よりも記述が詳しいこの紀行は、孫悟空や猪八戒で知られる後世の小説『西遊記』の原本になったことで知られている。何もないタクラマカン砂漠で、昼は砂の雨、夜は怪しい光、四晩五日間、一滴の水もなく瀕死の旅であった、と伝えられている。草原とオアシスに辿り着くと、高昌王の使者に会い、この王に迎えられた。万古白雪のパミール高原、カラコルムの氷壁を越えた、天竺に向かう苦難の道筋が書かれている。いかに唐の時代に、インド思想を必要としていたか、を伝えているのだ。

玄奘の死後二十数年、義浄（六三五～七一三）は、六七一年にインドに赴いたが、彼は陸路をやめて、スマトラから南海路を通ってガンジス河口に上陸し、仏蹟をめぐって、ナーランダー寺を訪れている。そこは、玄奘も知らなかった密教の道場になっていた。義浄はこのことを『南海寄帰内法伝』に書いている。彼は則天武后の時代の六八六年帰国の途についた。

唐の玄宗の時代（在位七一二～七五六）の七一六年、天竺から善無畏が長安に来て、金剛、胎蔵の二つの曼陀羅の秘法を伝えている。これはおそらく『理趣経』で男女交合の愛欲を説き、即身成仏の本意を語っている、とされる（李家正文『異国思想の伝来と日本の宗教』泰流社、一九八八年）。いずれにせよ、唐にインドから仏教が伝えられたのは、日本が唐から伝えられたのと同時期であったことを知ることができる。

5　長安や奈良の都市構造はインド仏教から来ている

長安の国際性とは

唐の都、長安はまさにインド仏教の都であった。大規模な伽藍を持つ仏教寺院が、一〇〇以上存在しているのに「中国」の伝統の道教の道観は十数カ所しか存在しない。妹尾達彦氏の『長安の都市計画』（講談社選書メチエ、二〇〇一年）によると、長安や洛陽の都そのものが、まさに隋、唐代に広く信仰されていた『華厳経』の現れと考えられていたという。大輪の蓮華につつまれた華厳世界のありさまは、まさに絵画的であり、華厳変相図のような絵画に数多く描かれている。長安の都市構造そのものが、この『華厳経』の説く無限の世界（百億千世界）の、大きな蓮の花にいだかれた城郭都市の姿なのだ、と述べている。この城郭都市は、土壁によってかこまれた坊で構成されており、長安や洛陽などは、まさに「無限世界」の概念に代表される、当時の大都市となるべく設計されたもの、と思われる。そして、おそらく文帝は、隋大興城の建築に際して、この図に描かれているように、新しい王都を仏教世界の理想都市にしようと、考えていたと思われるという（妹尾、前掲書）。

妹尾氏によると、隋大興城の建築に際して、文帝が、無遮大会《むしゃだいえ》を行っていることは、仏教と王都建築との密接な関係を物語っているという。宗教界を代表する仏教寺院として、その名も、大興城の名称をもつ大興善寺が、朱雀街の東側（陽の方角）に、西（陰の方角）の道教寺院・玄都観と対になって置かれていることも、隋大興城における仏教の重要性を示している。大興善寺は、隋の国寺であり、王朝の宗教政策の根本を成す寺院であった。隋の文帝は、全国各地の寺院に舎利塔を建立し、都と地方都市とを、王都の大興善寺を中核とする長安の寺院と地方の寺院のネットワークで連結しようとした。これは、ユーラシア大陸の西部において、キリスト教圏の中心都市としてコンスタンティノープルが機能し、イスラム圏の中心都市としてバクダッドが機能したことと同じ構造である。長安はユーラシア大陸東部の仏教圏の都であったのである、と述べている。長安を模倣したという奈良・平城京はまさに、このようなユーラシア大陸の各都市の反映であり、奈良に総国分寺を置き、日本各地に国分寺を置いたのも、これと無関係ではないはずである。

長安で有名な大雁塔は五層の仏塔で、唐王朝・高宗（在位六四九〜六八三）が建てたものだが、これは六五二年に、インドから玄奘が持ち帰った貴重な仏典を安置するために造られたことがよく知られている。もとの塔の設計は玄奘自身で、高さは一九〇尺（約五九メートル）あり、インドの仏塔の形式を模した、と言われる。

日本もインドから学ぶ

奈良の大仏の基本的な経典が『華厳経』であることも知られている。中村元氏の『仏教大辞典』によると、この経典の名の原語は、サンスクリット語（Gandavyuha）で、雑華厳飾（もろもろの花の飾りの意）と言ったという。釈迦がこの教えを説いたとき、ちょうど日が出てヒマラヤの山頂を照らしだしたように、真理の光に照らされて悟りをひらいたとされる。この究極の真理を『華厳経』では法会と言った。それは蓮華蔵の世界、蓮華蔵荘厳世界の海であると記されている。大仏開眼の儀式を天皇の代わりに執り行ったのがインドの僧侶、菩提僊《せん》那《な》であったことも、やはり「中国」の僧よりも高い評価を得ていたからであろう。彼は天平八年（七三八）に、日本にやって来ていた。このバラモン僧は舎利を元興寺小院へ納めたと記録されている（『元興寺史料』上、李家、前掲書）。

一方、東大寺と並ぶ興福寺は、法相宗の寺である。この法相唯識の教えは、四、五世紀のインドの無着（アサンガ）と世親（ヴァスパドゥ）によって大成されたものだ。この法相宗が慈恩教とか慈恩宗と呼ばれるのは、中国唐代の慈恩大師基（六三二〜六八二）が介在するからである。この慈恩大師は『大唐西域記』を著した三蔵法師玄奘に師事した。玄奘はインドから帰唐後は、自ら持ち帰った梵本経典の翻訳に取り組み、七四部、一三三五巻の経論を訳出した。訳傑と言われた所以であるが、慈恩大師もまた玄奘の訳経事業に加わった。『成《じょう》唯識論』は、玄奘との文字通り共訳というべきもので、六五九年に訳出されたものである。法相宗の読経でもっともよく取り上げられるのは世親の『唯識三十頌』であるが、『成唯識論』はその注釈書で、法相宗のもっとも重要な聖典となっている。

ともあれ、慈恩大師の宗祖たる所以は決して論を作り上げたのではなく、法相唯識の立場に立って、精力的な注釈活動を行った点にある。これも日本の仏教受容の態度に似ており、とくにそれは聖徳太子の注釈書『三経義疏』と同じ態度であることは、注目してよい。よく聖徳太子の仏教の書を、単に注釈書にすぎない、ということで軽視する向きもあるが、「中国」の学僧も基本的には同じであった。

6　唐の王は鮮卑族だった

漢人による国は少ない

漢と名づけられた国家でさえも、必ずしも漢人の国ではなかったことに留意してよい。その先祖は『五代史』巻十に見られるように北ウイグル（今の新疆省）の南の人であった。また、五胡十六国の政権を見ていると、南涼は鮮卑族、北涼は匈奴、西涼は漢人であるが、前趙の漢は匈奴、後趙は羯、前秦は氐、後秦は羌である。西秦は鮮卑族、前燕も後燕も南燕も鮮卑族で、元はモンゴル族であることは言うまでもない。

「中国」の四世紀初の五胡十六国時代（三〇二～四二一）から六、七世紀の隋・唐時代にかけての時期は、北方の遊牧民や、インドや西アジアの諸都市の影響が、宗教のみならず、社会生活の多方面に及んだ時期にあたることを忘れてはならない。

偽称の李氏の名

唐の王は鮮卑族出身である。唐朝の王姓は、李氏であるので、漢人のように見えるが、この唐李は偽称であったことも知られている。李氏一族の権威を高める手段として、同じ姓の始祖をもつ道教（老子の姓氏は李耳《りじ》という）を利用したのである。ところが彼自身は『十二史箚記』によると《魏の亡ぶ、即ち周、隋、唐はみな武川より出づ》と書かれている。すると唐の大宗の子、隠太子建成が、突厥風の皮裘《かわごろも》を着て町を徘徊、放蕩する一方、宮廷の庭にパオを造らせて、そこで寝起きしていたというエピソードは、その出自を示していることになる。先祖が遊牧民族の鮮卑族であることが、自然にそうさせたのであろう。太宗の后である文徳皇后の父母もモンゴルの遊牧民であった。

したがって、この時代に、西アジアからもたらされたものが多いのは当然である。私が正倉院の御物には西域のものが多いと述べたことは至極当然のことだったのである。それだけではない。粉食品の流行や、西域の蔬菜やヘア・スタイルといったもの、騎馬を用いる軍事技術や娯楽、さらに、椅子とテーブルを基本とする生活様式まで、遊牧民の移動にともなって、「中国」の社会にとうとうと流入したのである。

唐の詩人で、杜甫とともに「中国」最高の詩人とされている李白（七〇一〜七六二）は「蜀（四川省）の人」とされるが、四川省の生まれではなく、「西域の胡人」であると言われている。西域のオアシス都市に生まれて後に四川省に出てきたのである。彼が科挙試験を受験できなかったのも、異民族の出身であったからだった。彼の詩の憂愁の念の深さには、ある意味では「中国」という名で、異民族文化を自国のものと強弁する植民地主義に対する抗弁があったかもしれない。
「中国」の名のもとに歴史が混合される事実を、そろそろ正す必要があると思われる。

第十章　「海行かば」の思想――大伴家持に見る個人主義の容認

1　既に「個人主義」はあった

『万葉集』の個性的表現

日本最古、かつ最高の和歌集といってよい『万葉集』が、ある意味で一人の歌人の私家集と言ってもよい体裁をとっているのも興味深い。四五三六首あるすべての作品の中で、その十分の一弱、四三七首がこの一人の歌人の作品である。作者名が記された作品だけ考えるとそのほぼ五分の一に及ぶのである。また全二〇巻のうち終わりの四巻のほとんどがこの歌人との関係の歌で、その個人的な歌の記録と言ってよく、個人の歌日誌とさえ見られる部分もあるのだ。

その歌人は言わずと知れた大伴家持であるが、また家持の父である大伴旅人の作品もまた八〇首前後、その旅人の妹、家持の叔母であり、家持の妻の母すなわち義母、そして家持の歌の師であったと見られる大伴坂上《さかのうえの》郎女《いらつめ》の作品が八三首ある。それだけではない。大伴の姓を名乗る歌人の作品は、併せて七〇〇余首あるのだ。作者が知られている歌全体の三分の一にもなっている。むろん家持の編集と即断できないが大きく関わっていたことは確かであろう。

この時代を近代歴史家は「古代」と呼び、『万葉集』が天皇から農民までの歌を集めた広汎な国家的歌集と思われているのに、このように一人の歌人によって占められ編まれている、ということの意義が意外によく認識されていないように思える。それはいかにこの時代が、個人と共同体を一体化しているかということなのだ。共同体が一人の個人を信頼していたかということである。一人の歌人に、国家的な大編集事業を委ねるという、その編著の個人主義を容認する、ある意味で「近代」的な処置があるのだ。かえって日本の近代の方が民主主義の名のもとにたくさんの編集委員が名を連ね公平に選んだ詩歌集が多い。だが、それは事典的な無味乾燥になってしまう傾向をもつことになる（似たような「文学全集」が出るのもそのことによる）。個性というものこそ歌の生命だと認識する、八世紀の日本人の方が進んでいたとさえ言える。傑出した歌は傑出した才能によって選ばれる、ということを知っているのだ。それは近代人の芸術理解の優越感をうちのめすほどである。人々が大伴家持の「天才」ぶりというものを認めていたことを示しているのである。

その「天才」ぶりというものが一体どんなものであったかを解き明かす、それが本章の目的である。それを家持の有名な歌を引くことで始めよう。

うらうらに　照れる春日に　雲雀《ひばり》あがり　情《こころ》かなしも　ひとりし思へば　（巻十九、四二九二）

この歌は家持の心情をよく伝えていることで有名である。春の日がのどかに照っているし、雲雀が舞っているほどなのに、ひとり物思いにふける自分自身の心はかなしさに満たされている。このようなかなしさは、「古代」だから必ず理由となる話があるはずだという人がいる。実際、敵、藤原氏によって攻められた大伴氏の指導者、橘諸兄の失墜によるものだという学者もいる。しかし作者自身、《春日遅々として鶬鶊《さうかう》と正に啼く悽惆《せいちょう》の意、歌に非ずは撥《はら》ひ難きのみ。仍《よ》りて此の歌を作り、式《も》ちて締《むすば》れし緒《こころ》を展《の》ぶ》と語るように、そのような具体的な原因はなく、もの憂い寂しさであり、歌によってしかはらうことができないものである。だからこの歌を詠んだのだ、と言っている。これをよく現代人にも通じる人間の実存的なかなしさだという評家も多い。

上句の景と下句の情の間に、隔絶した落差がある、などと指摘する学者がおり、この歌が本来は恋歌であり、上句の意が本来向かうべき対象が恋の相手であるが、それに向かっていないのは、共同性がきわめて不安定な状態にあり、歌い手が春の景に取りつかれていながら、その意味を見出せないのであるという評者もいる（古橋信孝氏）。しかしこの対照性はこの歌だけではない。これは歌人の見事な対照性を意図した作風であって、「共同性」などという社会的な関係を、ここに持ち込む必要はないのである。次項で示す歌にもその対照性が同じようにあるが、「共同性」などということは考慮する必要性を感じない。こうした評価は「古代」の「共同性」という先入観があり、それが素直な理解を拒んでいるのである。この「古代」という観念はむろん西洋の歴史観であり、ヘーゲルやマルクスの「進歩史観」や「階級史観」につらなるもので、「古代」を「奴隷制社会」の遅れたものとする先入観に結びつく。これは決して日本に適用することはできないものである（拙著『新しい日本史観の確立』文芸館、二〇〇五年）。

したがってこの歌を読むとき、《近代人の孤独なるものを、私たちはこの歌の中に託しているのではないか。たしかに、そうした読み方を許容する表現性をこの歌はそなえており、そこにこの歌が近代に入って多くの歌人や批評家から高い評価を得るようになった理由があるのである》（多田一臣）というのが正直な感想のはずである。

先の歌とともに「春愁三首」として、名高い二つの歌がある。古き時代の令が共同体の社会におおらかに生きていたのではなく、ただひとりの孤独感をうたったものだ。

「近代的」憂愁の表現

春の野に　霞たなびき　うら悲し　この夕かげに　鶯なくも　（巻十九、四二九〇）

春の野に霞がたなびいており、夕べの光の中で鶯さえ鳴いているが、もの悲しい気分だ。この歌についても近代的憂愁と同じように、春の漠然とした鬱情が「うら悲し」で表現されている、と言われている。

この歌が《興に依りて作れる歌》と題詞にあることから、この歌を特別だと、国文学者たちは言っている（橋本達雄、小野寛氏ら）。「興」という字が中国では「意余った状態」と解されるので、歌の本道からはみ出たものだという学者もいる（藤井貞和氏）。しかし先に引いた同じ「春愁三首」の《うらうらに……》の歌は別に「興に依りて」という題詞のもとに歌われたものではないし、これから引く歌にもまた同じ感性が感じられ、決して特別視して見られる作品ではない。

「日本浪漫派」評価で名高い保田與重郎は『万葉集』のこれらの歌を引いて、

我々もまたはしたない人生の機縁にふれ、世の常の無常と悲運を思ふ折々に、この歌を口誦んだことは限りなかつた。この家持の歌一首の描き出した藝術とその心境は、千古に永遠の新しさを誇る天平文物の新しさのつひに及びえなかつたところである。これは永遠な日本と日本人の春の心である。かうして歌を作つて鬱結の情を去るといふことも、ここにつひに誌されて了つたのである。この詩人としての心境の殆ど老成したと思はれる作は、家持三十六才であつた。詩人の成長としても、数少ない史上の天才に匹敵する。しかもこの詩人の完成を描くことばの美しさこそ比類ないとこと思はれる。

（保田與重郎『萬葉集の精神　その成立の大伴家持』新学社、二〇〇二年）

と絶賛している。

保田は『万葉集』に「古代」の神を見てその姿を万葉の歌、とくに家持のそれに見るのであるが、ここでは一体その神がどこにいるのか、問うていない。正直に「近代人」の保田の感想をそのまま述べているのである。そして天平文物がその歌に及びえなかった、というが、そんなことはない。例えば天平期の興福寺の仏師将軍万福による十大弟子像の「富楼那《ふるな》像」にも「羅睺羅」像にも、そのかなしみのような微妙な表現が見えるし、あの晴朗な「須菩提《すぼだい》」像にも、その孤独感を垣間見ることができる。これを「古代」の仏像として、何か奇妙な人物像に見る必要はなく、正直に一人の男性像として見ればよいのである。この万福という彫刻家の天才の中に人間の孤独なかなしみを見てとればよい。保田は『日本美術史』などを書いて美術にも造詣が深いが、この重要な観察を行っていない。彼は東大寺三月堂の仏像を褒め称えているが、興福寺の諸仏も劣らず重要なのである。このかなしさの表現はさらに言えば法隆寺の五重塔塑像群に顕著なのだが、これは釈迦涅槃図であるから当然であろう、と言われるからあえて触れない。しかし釈迦の死を嘆く人々のそれぞれの顔の孤独感は決して「古代」人だけと見る必要はないのだ。

2 「いぶせみ」と「メランコリー」

この時代の令が、社会ばかりでなく自然の中にいるときもそれへの信仰ばかりでなく、その中に佇立する自己も感じていた。

孤独感の発露

ひさかたの　雨の降る日を　ただひとり　山辺に居れば　いぶせかりけり　（巻四、七六九）

これもよく知られた家持の歌である。雨の降る日に山辺に一人こもっていると、心が晴れず、鬱々とする、という意味である。この「いぶせし」という言葉も大変、微妙な言葉で、個人の心情の中にしか現れない状態なのであるが、これを家持は五度も歌っている。

隠《こも》りのみ　居ればいぶせみ　慰《なぐさ》むと　出で立ち聞けば　来《き》鳴くひぐらし　（巻八、一四七九）

ひとり家にこもっていると鬱々とするので、外に出てみるとひぐらしが鳴いている。ここにも現代人と同じ暗い日の憂鬱さがよく示されている。この「いぶせみ」も失恋とか、別離といった心理的理由があったわけではない。たしかに妻と離れて住む侘しさの意味で使った他の歌もあるが、ここでは人間そのものの実存的な孤独感がある、と感じられるのである。

この孤独感は決してハイデガーやサルトルが現代において説く「実存主義」的なものと遠いものではない。西洋の「神」なき時代の人間の孤独感は、死を懼れる現代人の心理を「実存」などという言葉で飾り立てているが、しかしそうした状態は古くからも同様であったのである。近代人が、西洋の一八世紀以前の人間は、キリスト教に囚われていた、という固定観念を持ったためにすぎない。実を言えば「いぶせみ」に似た精神状態は、西洋では一五、六世紀という「ルネッサンス」期と呼ばれる時代に、「メランコリー」と言われて、やはり芸術家たちをとらえていたのである。それはキリスト教的な観点からは無視されているが、フィチーノというプラトン学者が「狂気」と結びつけて、芸術創造を神の発現のように述べたことによる思想である。この時代に芸術の天才が輩出したのも、まさにこの「メランコリー」こそが芸術創造に結びついたと言ってよい。それはまさに個人という実存が基礎にあったのである（このことが注目されたのは、西洋のキリスト教美術の研究家によってではなく、ユダヤ人学者パノフスキーやゴンブリッジによる二〇世紀のウォーブルグ派によるところが大きい）。

この「メランコリー」はまた時間の観念を含んでいる。一日でいえば夕方から夜を意味し、また人間の世代でいえば老年で、それは近い「死」を思う世代である。この時間や世代の観念は『万葉集』の世界にもあり、その時間から来る風景もまた自然な概念を創り出している。

吾が宿の　いささ群竹《むれたけ》　吹く風の　音のかそけき　この夕《ゆふべ》かも　（巻十九、四二九一）

この歌も家持の名高いものであるが、この「かそけし」という言葉は「幽けし」ということで、かすかなさまを言っている。微風によって群竹の葉ずれの音がかすかに聞こえるという家持の繊細な聴覚をよく示している。しかしこの「幽」は幽玄の「幽」となり、また「幽界」のことでもある。それは死者の世界を意味している。「夕べ」というのも夜の始まりの時である。日本の歌人の場合には、概念的把握よりも感覚的な理解の方が強い。それが『万葉集』の世界に一般的に見られるのである。

このような夕べから夜においては、家持は夢を見る。その夢は、意外にも現世的なことに触れている。

夢の逢ひは　苦しかりけり　覚《おど》きて　かき探れども　手にも触れねば　(巻四、七四一)

夢の中でいとしい人に逢うのはつらいものだ。夢から覚めてあたりを探ってみるが何も触れることができない、と歌っているのである。このような夢の中の愛の姿を歌うこと自体、表現の技巧を思わせる。事実、西洋の若き男女の愛の技巧を示す一八世紀末のゲーテの『若きヴェルテルの悩み』を引用する比較文学者がいる。青年は、恋人ロッテに対する恋愛の感情が最高潮に達するとき、手紙を残してロッテの住む街から逃げようとするのである。

甲斐なくも、私は自分の腕を彼女の方へ伸ばす。朝、私が重苦しい夢からさめかけるときに、空しくも私は深夜私の床の中に彼女をまさぐる。一つの幸福な罪のない夢が私を欺いて、私が牧場で彼女のそばに座っていて、彼女の手を握って千の接吻でその手を蔽うかのように思わせたときに、ああ、私はまだ半ば眠りのよろめきの中にいて彼女を求めて掻きさぐり、そうしながら心勇みするとき……涙の川が私のおしつけられた心臓から湧いてきて、私を慰むるすべなく暗黒な未来を望みつつ泣いてしまうのだ。

この近代西洋の文豪ゲーテの説明的な描写を、家持は五・七・五・七・七の短詩の中に千年も前に日本で、簡明に歌っているのだ。これこそ『万葉集』が近代的な個人の愛も語っているということであり、「古代」も「近代」も差があるわけではない、ということを証明しているのである。万葉の世界は近代と同じである、などというと、驚く人が多いが、それは繰り返し言うが、西洋「進歩主義」の先入観にすぎない。

大伴家持の疎外感　これまで引用してきた歌を見ると、大伴家持という歌人が、いかに線が細く、内向的で、ある意味では優柔不断な性格であるかを感じさせる。しかしそれこそが正直な一人の芸術家の姿であり、我々と共通する人間である、と感じさせる。

その共通性は彼の父大伴旅人の歌にもよく知ることができる。

今の代にし　楽しくあらば　来む世には　虫に鳥にも　吾はなりなむ　（巻三、三四八）

この現世でさえ、楽しく酒を飲めたら、あの世では虫にでも鳥にでも私はなる、とさえ言っているのだが、これはいかにも享楽的な印象を与える。あるいは《世の中は　空しきものと　知る時し　いよよますます悲しかりけり》（巻五、七九三）と歌っているのも、現代の我々にもよく分かる虚無的な印象を与える。それが妻郎女《いらつめ》の死を悲しんで作られたものと知られていても、人生の空しさ、悲しさ一般を語っているように読める。マルクス主義の用語にある社会的「疎外」というようなことである。「疎外」は現代資本主義社会の高級（?）概念のように語られていたが、何のことはない、遅れた専制社会のはずの「古代」においてもありふれたものであったのである（こう言うとキョトンとした現代人の顔が浮かぶ。彼らは自分たちがとにかく一番「進んでいる」時代に生きていると思っているだけのことだ）。よく旅人が太宰府に流され世を拗《す》ねているのだ、と言われるが、それもまた今日の転勤族のようで、現代的な解釈で通じるということである。こうした大伴親子の生きかた、歌いかたが決して特別ではないのである。

近代の概念とされる個人の名声欲もまた例外ではない。「古代」だからそのような個人的な名誉など欲しくはないだろう、と考えがちであるがそうではない。西洋でもそのような名声欲は「ルネッサンス」以降のことと考え、ブルクハルトが、個人主義につきものでこの時期に形成された、と語り、それが定説化してしまった。

たしかに万葉の時代の名声は個人のそれではなく、家族とか氏族の名声であるかもしれないが、しかしそれも個人の活動によって生まれる前提があるかぎり似たようなものである。

家持は《敷島の　大和の国の　明らけき　名に負ふ伴の緒　こころ努めよ》（巻二十、四四六六）と歌い、山上憶良は《士《おのこ》やも　空しかるべき　万代《よろづよ》に　語りつぐべき　名は立てずして》（巻六、九七八）と詠んでいる。この「名」は家柄に対してであって、個人の名声というものでは必ずしもないと言う人もいるかもしれないが、これまでの大伴家の名声はまさに個々の歌人、特に家持の個人としての創造抜きには考えられず、それによって家名が高まるのだという認識がある。それを人々が無視していたとは到底考えられない。『貧窮問答歌』の山上憶良もしかりである。彼は聖武天皇の教育係の一人であった。

3　「海行かば」の思想

戦争とは関係なく作られた

それだからこそ、大伴家持の「海行かば」の歌が、私たちにも感銘を与えるのである。この歌は大東亜戦争の戦時中において最も歌われた歌であり、現代でもその意義が問われている日本人の究極の歌の一つでもある、と言ってよい。実はこの歌は、この有名な一節とは関係のないような「陸奥国より金《くがね》を出せる詔書を賀《ほ》ける歌」に含まれているものである。煩を厭わずその歌を引用しておこう。家持のもう一つの面が如実に表現されている。

葦原の　瑞穂の国を　天降り　領《し》らしめしける　すめろぎの　神の命《みこと》の　御代重ね　天の日嗣と
領《し》らし来る　君の御代御代　敷きませる　四方の国には　山川を　広み厚みと　奉る　御調《みつき》宝は
数へ得ず　尽くしもかねつ　しかれども　吾が大君の　諸人を　誘《いざな》ひ給ひ　善きことを　始め給ひ
て　金かも　たしけくあらむと　思ほして　下悩ますに　鶏が鳴く　東の国の　陸奥の　小田なる
山に　金ありと　奏し賜へれ　御心を　明らめ給ひ　天地の　神相うづなひ　すめろきの　御霊助
けて　遠き代に　かかりしことを　朕《わ》が御代に　顕《あら》はしてあれば　食す国は　栄えむものと　神な
がら　思ほしめして　物部《もののふ》の　八十《やそ》伴《とも》の緒《お》を　奉《まつろ》への　向けのまにまに　老人《おいひと》も　女童児《をみなわらは》も　其が

願ふ　心足《だら》ひに　撫で給ひ　治め給へば　此《ここ》をしも　あやに貴み　嬉しけく　いよいよ思ひて　大
伴の　遠つ神祖《かむおや》の　その名をば　大来目主《おおくめぬし》と　負ひ持ちて　仕へし官《つかさ》
海行かば　水漬《みづ》く屍《かばね》　山行かば　草生す屍　大君の　辺にこそ死なめ　顧みはせじ
と言立て　丈夫《ますらを》の　清きその名を　古《いにしえ》よ　今の現《うつつ》に　流さへる　祖《おや》の子等《こども》ぞ　大伴と　佐伯の氏は
人の祖《おや》の　立つる言立　人の子は　祖《おや》の名絶たず　大君に　奉仕《まつろ》ふものと　言ひ継げる　言のつか
さぞ　梓弓《あづさゆみ》　手に取り持ちて　剣太刀《つるぎたち》　腰に取り佩《は》き　朝守り　夕の守りに　大君の　御門の守り
吾をおきて　人はあらじと　弥立《いやた》て　思ひし増《まさ》る　大君の　御言《みこと》の幸の　（一に云はく、）聞けば貴《たふと》
み（一に云はく、）貴くしあれば
（巻十八、四〇九四）

この歌は明らかにこれまで私が家持の歌として引用したものと調子が異なっている。そこには「私」ではなく「公」の大伴家持としての歌があるという人がいるかもしれない。

御代の聖武天皇の生涯の大事業であった東大寺の「大仏建立」が、最終の仕上げの段階で鍍金に必要な金の不足から完成が遅れていた。その折に、陸奥の国で金の発掘がされたのである。そして天平二十一年の三月にその黄金が朝廷に献ぜられた。翌四月一日、東大寺に行幸した天皇は一人の仏弟子として、その喜びを大仏の前でご報告になり「詔勅」を発せられた。

その「詔勅」の中では、陸奥の国で黄金が発掘されたことへの喜びと、「大仏建立」への天地の神々、諸仏、皇祖の御恩《みめぐみ》に対する感謝を述べた後、次に工事関係者への言葉、さらに、これまでの皇室への貢献を讃えて、橘三千代と藤原氏の人々、ついで大伴・佐伯の氏族の名を挙げて、具体的な称賛と信頼の

言葉とを賜ったのである。その「詔勅」の内容を知って、深く感ずるところがあった家持は引用の歌を書いた。当時、越中守として任国にあった家持は、「詔勅」という公の文書に応える形で、この長歌と反歌三首を詠じたのであった。したがってその態度はあくまで公的である、と。

家持は詠じたこの長歌の前半で、大仏建立事業の中断を救うことになった黄金出土への皇祖の御恩と事業の成功への喜びを述べ、後半で、この詔の中で与えられた、大伴・佐伯の氏に対する言葉に応えるという形で「海行かば」を詠んでいる。

大伴氏の伝統

大伴氏は、その名に「供」と呼ばれるように、朝廷のおつきとして仕えていた世襲的な家系である。文字通りの「大伴」として、例えば皇城十二門を護衛する十二の氏族を統括し、南面する正門を守護した一門であった。平安朝に至って「応天門」と呼ばれるようになった皇居の正面は、かつては「大伴門」と呼ばれていたことでも知られている。またかつては「壬申の乱」においては大海人皇子（後の天武天皇）の側についてその勝利に導いたのは、家持の祖父の大伴安麻呂であった。安麻呂は「大将軍」とさえ称された。父・大伴旅人もまた征隼人持節大将軍として九州に赴き、戦野に野営する武者でもあったのである。

大伴家持はその氏上であった。その家持が「海行かば」の歌を歌い、《大君の　辺にこそ死なめ　顧みはせじ》と歌うことは、ある意味では当然の覚悟であったかもしれない。しかしこの歌を見ていると《海行かば　水漬く屍　山行かば　草生す屍》という言葉が、戦場のリアルな死体の姿を感じさせ、その凄惨さは、家持がまさに戦争の実態を知っている、という印象を与える。勇ましく英雄的に戦って死んでいった姿ではない。水に漬かり、草が生えた、ただの死骸である。それは公の死の現実であり、それを自らの死に重ね合わせている、ということである。《大君の辺にこそ死なめ》という実態はこうした残酷な個人的な死である、ということを述べているように感じられる。死体は惨めに海や山のうちに捨てられるのである。

しかし霊はまさに大君のもとにある、ということになる。ここには霊と肉体の二元論がある。

前節で述べたひとり思う家持の姿と全く異なっているようであり、このことから、家持の二面性を述べ、各々分けて論じる学者も多い。とくに戦後の国文学者は、前節の文学的な家持は論じるが、ここで示した武士的な「海行かば」の家持は論じない。ただ武門としての大伴家の、大君への誓詞としての歌謡だと論じがちである（橋本達男氏ら）。

しかしこの二面性は一体化している。例えば《春の野に》の歌で、うら悲し、と歌った「春愁三句」の年の翌年、《大夫《ますらお》の　靫《ゆき》とり負ひて　出でて行けば　別れを惜しみ　嘆きけむ妻》（巻二十、四三三二）と詠んでいる。

勇敢な男が靫《ゆき》（矢を入れる筒）を背にして出かけて行ったので、妻は別れを惜しんで嘆いたことだろうと、歌っているのである。この嘆いている妻に対して決然として別れを告げ防人に出発する「ますらお」の像は、ひとりかなしむかつての家持の同じ姿である。彼はこの年、少納言から防人の管轄の兵武少輔になったが、しかし決して別人ではない。それは二面性ではなく、公私を区別できるものではない人間のありかたである。

《大君の　みこと畏み　磯に触《ふ》り　海原渡る　父母おきて》（巻二十、四三二八）という『万葉集』の防人の歌も同じである。恋も愛も捨てて守りにつく男たちの姿を歌っている。そこには自然に私と公が入り乱れる人間を体現する一人の歌人がいるのである。こうした防人の歌を、別れの悲しみや勤めのわびしさを強調して引用するのが戦後の風潮だが、家持はまさにその運命を引き受ける逞しさ、喜びにもまた注目しているのである。「海行かば」も「こころ悲し」も一体であり、決して一方が他方の反動でも分裂でもないのである。

「海行かば」に既に後の時代の「武士道」の原型がある、ということも注目すべきであろう。潔く主君のために死を賭す、という精神は「海行かば」で明確に提示されているのである。「武士道」は武士が生まれた鎌倉時代以降の思想ではない。まさに万葉の時代に生まれていたのである。それは《武士道といふは、死ぬことと見つけたり》という山本常朝の「葉隠」の精神と重なっていることは、誰しも感じ取ることができるであろう。

つまりこれは神秘的な「古代」のことではないのだ。保田の『萬葉集の精神』もそれをつかめないでいる。《古人の趣味は、今の文藝家の鑑賞と異つて、國の人倫の第一義をつねに文藝観の念頭においてゐたのである》という。しかし「國の人倫」はいつの時代にも存在する。それは「古人」だけの問題でなく「近代人」まで続いているものである。「近代」を否定し「古人」に「浪漫」を感じる、保田の『萬葉集』観は、この時代を「古代」の「神詠」の世界に閉じ込めてしまう危険性を持っているのだ。万葉の時代は、表面的な風俗こそ違え、人間性には何ら変わりはない時代であると考えられるからこそ、いまだに『万葉集』が愛唱されているのである。

大仏建立への共感がある

「海行かば」の献身への決意が、「防人」への献身以上に「大仏建立」への共感によっているということも重要である。大君、聖武天皇が、日本に仏教が伝わってから二〇〇年目の釈迦の生まれた四月に、この大事業を完成させる、ということは、日本人全体のためのものである、と家持は感じていたのである。だからこそ、この仏像のための黄金が見つかったとき、国民の共通のこれまでの天平の年号を、わざわざ天平勝宝と改めたのである。それほど国民的な出来事、と考えられた。

仏教導入は『古事記』や『日本書紀』で示される神話しかなかった日本人にとっては、大きな変革であった。仏教という世界性を持った教えを国家として導入し、天皇自ら「三宝の奴」となる、ということは、日本人にとって大きな精神世界の進展であったのである。それは既に一世紀以上前に聖徳太子によって始められていたものであるが、聖武天皇によって完成されようとしていた。その仏教導入は、単なるインド仏教の輸入ではなく、まさにそれを日本化させることでもあった。大仏を造ることも、朝廷と深い関係にあった宇佐神宮の託宣によって推進された。宇佐の八幡大神は大仏の守り神であった。

仏陀は漢語で「ほと」と読み、「け」は形《かたち》である。百済からの仏教伝来は、「ほとけ」＝仏像とともにやってきたから、大きな「ほとけ」造りをすることは、それを大きく前進させることである。法隆寺で始まった本格的な仏像作りは、ここで巨大な姿になろうとしていた。この大仏のある東大寺とともに、全国に国分寺、国分尼寺が建てられ、丈六の仏像が全国に作られた。すなわち仏像によって日本人に仏教を弘布しようとしたのである。

「仏像」が「人」の姿をしていたことは重要である。これまでの日本の神々は言葉だけで語られ、「人」の姿で現れていなかった。暗黙に「偶像崇拝」禁止がなされていたのである。ところが仏像によって、「人」の姿を見た。それはインドの釈迦の姿とは言え、「人」の像である。このことは日本の界に類のない総合的な信仰（「神仏習合」と一般に呼ばれているが）を獲得することができたと言える。

「やまと」＝「山人」の「こころ」をさらに豊かにするものであった。「山」に象徴される日本古来の『古事記』の世界と、三輪山信仰のような山岳・自然信仰の世界は、「人」の世界を作らなかった。仏像によって初めて「人」の世界を目の当たりにしたのである。その仏陀の教えを導入することによって、世界に類のない総合的な信仰（「神仏習合」と一般に呼ばれているが）を獲得することができたと言える。

たしかに仏教だけであればインドで創られ、漢語で翻訳された教典の世界で、日本は学ぶ一方であったが、日本人の信仰は既に「大和」国として、やまと＝「山人」の自然宗教を持っていた。そこに仏像が導入されることで、「人」の意味をもっと深く考えるようになったのである。ここに様々な要素を総合した宗教を創り出したのである。このことは、西洋的な意味での「宗教」が、キリスト教として高級化したときに切り捨てた自然信仰を、日本においては統合しえたことを意味しよう。したがってこれは「宗教」以上のものである。それは「人」の「心」とか、「魂」という、肉体とともにある精神の世界を持つことを意味することであった。それがまさに「やまとごころ」「やまとだましい」の世界と言ってよいだろう。「心」とか「魂」は「感性」的なものを包含し、「理性」的な近代西洋の「哲学」以上のものとなるものと考えられる。

保田與重郎は『萬葉集の精神』で、この時代の人々は《神を何の自覚もなく己れの中にもった国民である》と言った。実はこれは「古代」の日本人だけと言わず、いつの世の日本人についても言えるのだ、と私は言いたい。「やまとごころ」を持っている国民はまさにその「神」を何の自覚もなく、己れの中に持っているのだ。ただ「近代」の「進歩主義」による西洋翻訳語の氾濫によって、日本人はその「自覚」を忘却に付しているにすぎない、と。

終章　日本人の「宗教」とは何か――「靖国問題」は「文明の衝突」である

1　日本をとりまく「宗教」問題

靖国問題の真意とは

周知のとおり首相の「靖国神社参拝」問題は中国、韓国の政府から、ことあるごとに政治・外交問題として取り上げられ、それが朝日、読売をはじめとする新聞界でも、経済界でも、中心課題のように論じられているが、ここではそこに忘れられている根本的な問題を取り上げなければならない。そこにはイスラム圏とキリスト教圏の対立と同様、より大きな問題が含まれているからである。それは日本という文明圏と中国、韓国の文明圏との必然的な相違としての文明の「衝突」であることを認識しなければならないということなのだ。文明というものの根幹に宗教を置く多くの文明史学者の、中心的な問題を包含しているのである。

中国、韓国の政治家は、日本の戦争犠牲者における、一般国民と〝侵略戦争を発動した一部の軍国主義者〟とは区別していると言う。だからA級戦犯を祀る靖国神社に参拝することは、その一部軍国主義者に加担することだ、というのが言い草である。しかし、その執拗さは、単に親中的なマスコミや、外務省のチャイナ・スクールの働きかけだけではない、と感じさせるのも事実である。その高圧的な言い方は、A級戦犯とヒットラーの区別さえできない、不勉強以上の、ある民族的な執着心を感じさせるのである。そこには日本人の分裂を狙っている底意さえ予測できる。

実を言えばこれは「皇室典範」の改正問題にも通底する問題である。女系容認の有識者会議の答申には反対の声が強く、推進者であった小泉元首相も、秋篠宮妃殿下のご懐妊のニュースもあって、当面は見合わせざるをえなかった。女系では万世一系の伝統が崩れることは明らかで、近代の「男女同権」の世界に合わせようとすること自体が、この伝統と相容れないものであることは自明である。一方でXYの染色体問題について科学的にも証明されるのだ、という反論も出て、あたかも万世一系が実質的な問題であるかのようにも論議された。しかしこうした近代化主義者も、何やら執拗に主張する気配があり、これも中国の指導者の主張に似て、天皇体系の日本文明をいずれは崩壊させようとする意図と重なっていると思わせるものをもっている。

この二つの問題は、別個に論じられ、異なる問題であるかに見える。しかしともに日本人のアイデンティティに関することで、日本人の心に、共に響いてくる問題であることには変わりはない。

無宗教ではない

ところで日本人は、デンマークのマホメッドの風刺漫画問題で、一斉にイスラム教徒たちが、各地でデモなどで噴出したのを、対岸の火事のように見ていた。日本でも、在日のイスラム教徒がデモをして、デンマーク大使館に抗議文を出したのも、ほとんど傍観者のようにテレビは映していた。それは宗教問題であって、政治・外交問題ではない、と考え、自分たちは宗教にとらわれていない、などと思っているようである。このことは日本人が、世界で起こっている宗教事件を、一段低い次元で見る習慣ができていることにも通じる。日本人には一般に宗教というものに関心がないという状況にあり、知識人の間にもその傾向がある。

たしかに日本人は自ら無宗教だ、という人が多い。お彼岸やお盆で、里へ帰ってお墓参りをする。だが大部分はそれが習慣的行事だと思っている。町内のお祭りがあれば、行ってお神輿を担いだりするが、それが何の神様のためにやっているのか、とくに関心を持たない。仏教の毘沙門天像が、神道の大きな赤い鳥居と一緒に立っていたりする。映画の寅さんで有名な柴又の帝釈天が、いったいどんな宗教なのか気にかけないのが通常である。

しかし小さい島国でありながら日本には、実に千差万別の宗教と、それに関わる名前が冠されたものが存在しており、宗教博物館と言われているほどだ。文化庁宗務課長の統計によれば、宗教法人は一八万を超えるという。多種多様な宗教がひしめくなかで、それぞれの宗教をつまみぐいしているような日本人は、そのアイデンティティなどの統一性を必要としていない。そんな極論さえ生まれている。

「宗教心」の存在

しかし戦後、「神道指令」を出され、日本の宗教を統制し、占領憲法だけでなく、日本にキリスト教を根づかせようとしたにもかかわらず（マッカーサーはそれで日本人の精神の荒廃を救えると信じた）、日本人がキリスト教化されたとは聞かない。大戦後は、たしかに、弱い者の人権とか、民主主義とか、自由、平等など、キリスト教道徳の基盤の上に立った考えかたが入ってきた。しかしキリスト教そのものは、日本に根づかなかったと言える。それとこれとは別問題だ、という態度が貫かれたのである。統計によれば、人口の一・五パーセントしか日本にキリスト教徒はいない。こんなに布教の歴史が長いにもかかわらず、これほど少ないのはどういうことか。韓国では人口の三〇パーセント、中国でさえ六千万人以上いるといわれるのに、日本のこの数字はどうであろうか。豊臣秀吉がキリシタンを禁じて以来、その割合が変わっていないとすると、その堅固な拒否の姿勢は、日本人の宗教心と密接に結びついていると考えざるをえない。

日本人ほど自分たちを集団として意識して、その特色を知りたがる民族はない。外国人の「日本人論」はただちにベスト・セラーになるし、日本人によるものもいまだに多く書かれている。たしかに、いざというときに、一つの集団として日本人ほど団結する民族はいないし、それは歴史が示すところでもある。外国で日本人同士が出会うと強く意識し合う不思議な共通感覚とは何であろうか。この統一された集団の意識を支えるものが、いったい何かをさぐると、この「宗教心」の共通性に行き着くのではないか。

私は日本の宗教が混乱しているという現象を、表面的なものでしかないと考える一人である。それらの複数的表層の中には、もっと底の深いところに何か一つの宗教心が存在すると考えている。「宗教心」とつけたのは、それが西洋的な意味ので「宗教」ではないからということだ。それは、日本人には、イスラム教徒やキリスト教徒と比べて決して優るとも劣らぬ宗教的態度がある、ということである。「宗教」という西洋の定義ではとらえられない内容がある、ということである。

「靖国問題」も「皇室典範」の問題もそれは日本人の「宗教心」の問題とまず考えなければならない。「靖国問題」の英霊への信仰と「神道」とはどう関係があるか、男系維持という点でのみ問題が集中している「皇統問題」も、そこにいかなる宗教的な根拠があるかが検討されなければならないのである。保守論壇の雑誌でさえ、この二つの問題を、日本人の宗教として正面きって論じる論文は少ない。

2　共通する「御霊」信仰

日本人の信じていること

まず重要なのは、両方とも日本人の、心性における死者と生者の連続性、という問題に関わっていることである。むろん天皇の体系の方が、日本人兵士の体系よりはるかに重い問題であるが、ともに日本人の祖先崇拝という点では共通している。

「靖国神社」には祖国のために戦った英霊が眠っている、と日本人は信じている。その信仰形態において、それは死者の霊魂を祀るという伝統に基づいている。日本では人は死ぬと「御霊《みたま》」になる。それは「神」となることである。かつて盂蘭盆や正月、夏祭は、先祖から、「御霊振り」をいただく魂の祭であった。「神道」も「仏教」も、ともに、この「御霊」信仰によって成り立っている。それは天皇が「神」である、という信仰にも密接に関係している。天皇が「生き神」であるのは、それは神武天皇以来の代々の天皇の「御霊」が、男系の血脈によって代々のりうつっている、と信じられているからである。

「人が神になる」という思想は古来の日本から存在してきた。例えば菅原道真は「神」となり、天満天神として信仰された。徳川家康は「日光権現」という「神」になったが、これは家康の霊を祀ったものだ。豊臣秀吉もまた豊国神社に大明神として祀られた。人格神をもった祖先崇拝は広く流布している。国家の戦いで死んだ祖先たちの霊を祀る靖国神社だけでなく、各地に護国神社があり、そのご神体は、やはり戦争で亡くなった将兵たちの霊である。いずれも、日本人が死ぬと「御霊」になり、それが

「神」となるという信仰が存在する。

もともと「神道」というものも、祖先を崇拝する祭祀のための儀式にすぎなかったものが、仏教などの刺激を受けて、神社を建て、祭式を行ったことによって形になった。「神道」の言葉は『日本書紀』の六世紀、用明天皇即位前に仏教の言葉と対照的に用いたのが最初で、その中で「神道」の信仰を惟神《かんながら》と言った。孝徳天皇の即位前の注に、惟神《かんながら》（神として）は「神道」に従うとある。「神道」も宗教だと、声高に言ったのは、近世の一部の国学者であった。

むろん「神道」はそれだけではない。自然崇拝と天皇崇拝とを併せもつ複合性がある。自然そのものもまた信仰の対象である。「神道」では山や森など自然の存在が重要である。建物がなくとも、自然の木や岩に注連縄などを張って祀っている。それも「神道」の信仰形態である。「初詣」をして、賽銭箱に小銭を投げ入れ、柏手を打ってお辞儀をすることそのものも、「神道」の一部である。それで何かすがすがしい気分になる。また『古事記』『日本書紀』にある神話は、日本の天皇の体系を語っている。これは明らかに日本の自然風土、日本民族の首長の歴史を語ったもので、それは「共同宗教」と言うべき、日本人の共同体の宗教体系でもある。「共同宗教」の神道でこそ、人は死ぬと「御霊」と認められるのである。共同体である国家、家族があるからこそ、祖先は「草葉の蔭」に存在するのである。

『万葉集』の挽歌には死んだ人間の魂が、高いところに漂う歌が多く歌われている。山を取り巻いている雲や霧に死者の魂がのぼっていく、という歌はたしかに圧倒的に多い。有名な柿本人麻呂の歌にも、《隠口《こもりく》の泊瀬《はつせ》の山の山の際《ま》にいさよふ雲は　妹にかもあらむ》（巻三、四二八）という歌がある。泊瀬《はつせ》の山の稜線あたりに漂っている雲は、亡きあの方なのであろうか、と問うているのである。ここでも万葉人は魂は高いところにのぼると信じていたことがわかる。そこへ六世紀半ば、仏教が伝来した。たしかに仏陀は霊魂の問題を論じていない。仏教は六道輪廻からの解説を理想としているので、永遠に存在する霊魂を問題にしないのである。

霊魂の存在は、日本人にとっていまだに信じられていることである。柳田國男は、死んだ後、自分の魂が四十九日の間は、家の天上あたりにうろうろしているのがわかるが、その後、どこへ行くかわからない、と言っている。これもそのことを語っていたのである。今でこそ、天上の低いマンションに住んでいると、このような魂はいないかに見えるが、心の中に死んだ父母や肉親がいない、という日本人は少ないだろう。

「仏教」も根づいている

一方で「仏教」も日本に根づいている。その仏教は「生が無常である」と教えたが、その生のうちに修行して悟ることを教え、死後の世界は「輪廻転生」であると示したのである。しかしその仏教は日本化して、死ぬと「仏になる」という言葉に表されるように、霊魂の存在を認めるようになった。日本では、浄土宗では阿弥陀仏を唱えて往生するのである。「葬式仏教」という言葉も一般化している。江戸幕府の宗教政策の結果、どの家もどこかの仏教宗派に所属することになったので、その流れを引き継ぐかぎり、日本人は建前上は全員仏教徒と言ってよい。大仏参りをし、仏像に手を合わせるのも「宗教心」によっている。年越しの大晦日、この時ばかり、百八つの除夜の鐘で、一年の煩悩をふりほどこうとするのも、この教えである。

日本の宗教はそれだけでない。「仏教」と同じ頃「道教」も入ってきた。豆まきや七五三等、季節行事がこの関係であり、十二支や手相占いなど日常生活に組み込まれているものも少なくない。「儒教」

も、「和をもって尊ぶ」という聖徳太子の「十七条憲法」を引くまでもなく、わが国の社会制度や、人間関係に大きく関与していることは否定しえない。年功序列もまた儒教道徳である。いくら業績をあげても、一年先に入社した先輩を追い越して昇進することに強い抵抗感を感じる。日本を「儒教」徒であると見る、西洋研究者も多い。

さらに聖徳太子が厩戸王子という別名を持つことから、古いキリスト教の影響を受けたという学者もいる。一二月二四日になると、クリスマス・イヴで、キリスト教徒でもないのに、クリスマスで沸き立つし、サンタ・クロースを待つのも、決して風俗の真似だけではないだろう。戦後、皇族の方々も、キリスト教の影響を受けた。とくに義宮親王はクリスチャンとなり、天皇も皇太子時代に家庭教師としてクエーカー教徒であったヴァイニング夫人の教えを受けている。

このように、日本に様々な宗教が入っていることは、夙に知られていることであるが、私はこうした態度そのものが、「御霊」を信じる確固とした日本人の「宗教心」と考えることができると思う。

たしかに「一神教」「多神教」「アニミズム」などのいわゆる「宗教学」のカテゴリーを持ち出すと、この「宗教心」は、そこに入らないかもしれない。だが日本の「宗教」をどのようにとらえるのか、という問題は、宗教学者にもいまだ見えていないことからわかるように、それらを西洋の概念でとらえてはならないということである。そこにはキリスト教を理想化し、優越させる論理が働いている。それよりもそれを総合した「宗教心」という現代的なマインド（mind）を付け加えた上位の概念でとらえることが必要である。

例えば、日本人の信仰を「アニミズム」ととらえる人がいるが、そこには「天皇信仰」は入らない。

また「自然信仰」の徒という宗教学者もいるが、それも日本の「天皇信仰」を排除してしまうもので、客観性を欠いている。また逆に「天皇信仰」だけを取り上げる神道家、国学者もいるが、それもまた全体の「神道」の体系をとらえていない。そのような「宗教」概念を包括する概念を持つことにより、それらを融合する精神を理解することができるのである。それによってこそ、画一化した「宗教」に、その生きた部分を取り入れようとする、日本人の「心」のありかたが生かされるのである。

3　「共同宗教」と「個人宗教」を区別せよ

二つの体系がある

西洋的な概念の「宗教」を、二つの内容によって区別すべきことは、宗教学者も認識していることである。しかし、それをより明確にしておこう。

さきにイスラム教徒がモハメッドの風刺漫画に対して憤激した事件について述べたが、あの九月一一日のテロもまた、我が身を爆弾と化した犯罪行為は、その根底に宗教における過激な狂信がなければ行われないことであった。これに対しアメリカ、ブッシュ大統領の犠牲者追悼の演説もまた、キリスト教徒として『旧約聖書』の詩篇からの一節が引用されていたことがよく知られている。

死の陰の谷を行くときも　わたしは災いを恐れない。
あなたが私と共にいてくださる。
あなたの鞭、あなたの杖、それがわたしを力づける。
（詩篇第二十三編第四節）

この詩篇の句は、イスラエル王国の王ダビデの、神への賛歌の一つであることが知られている。このようにブッシュ大統領が、ユダヤ民族の『旧約聖書』を、あたかも、わが宗教のように語っている。これは神から大統領が戦う姿勢を鼓舞するときだけでない。イラクとの湾岸戦争のときも、アメリカの戦車部隊の将兵はそれぞれ、『旧約』のモーゼの言葉の「あなたは獅子と毒蛇を踏みにじり、獅子の子と大蛇を踏んでいく」が引用された紙片を持っており、その獅子と毒蛇がイラクをたとえたものであることを示唆されていた。

アメリカの国民の六八パーセントが毎週日曜の朝に教会へ行き、国民の九五パーセントが「私は神という概念を信じている」と言われている。キリスト教というと、『新約聖書』のキリストの愛を思い起こし、このような争いのときほど、その精神を発揮すべきだ、と思わせる。『新約聖書』の神は「愛の神」であり「赦しの神」のはずである。しかしなぜ『新約』の神ではないのか。『旧約』のヤハウェ（ヤーヴェ）を持ち出すのか。

ここにははっきりと、宗教の使い分けがある。つまり戦いのときにはユダヤ民族の共同体の「共同宗教」としての『旧約聖書』が使われ、平和のときには個人に働きかける「個人宗教」として『新約』の「愛」が語られるのである。つまり宗教には、言わば「共同宗教」と「個人宗教」の二つがあり、これまで私たちがキリスト教と思っていたのは「個人宗教」の方で、それと同じくらいに、共同体に依拠した「共同宗教」があったことを認識しなければならないのである。キリスト教といえども、そこには「共同宗教」＝「国家宗教」がある、ということである。

日本の「宗教」は、このように二つの「宗教」に截然と分けられているようには見えない。しかしよく考えていくと、やはり同様な体系があることに気づく。それは天皇信仰を含めた「御霊」の問題を追求する「神道」が日本の共同体に依拠した「共同宗教」であり、個人の悟りを追求する「日本的仏教」がその「個人宗教」である。そこに神仏習合の形で、欧米がもっている「キリスト教」の両義性を包含しているのである。先の大戦で亡くなった日本人兵士が「靖国神社で会おう」を合言葉にしたのは、明らかにこの「共同宗教」の性格を示している。《海行かば水漬く屍、山行かば草生す屍》になっても、魂は靖国神社に還って、ともに日本の守護神になろうとしたのであった。それは日本人の精神が、まさに「共同宗教」であり「国家宗教」でもあることを示していた。こうした「宗教」を「仏教」の「悟り」に総合するのが日本人の「宗教心」である。

支那との宗教観の違い

さて中国の宗教はどうであろうか。支那は社会主義の国だから、マルクス主義が宗教に適用されていいのに、靖国神社に対しては、その原則には立っていない。むしろ韓国と歩調を合わせていることから分かるように、A級戦犯がA級戦犯としてここに葬られていると思っており、御霊信仰の靖国神社を理解できていない。これが「神道」の神社であることも理解していないように見える。中国、韓国に共通するのは、儒教的態度が基本にあることであることは明らかである。ハンチントンは八大文明圏の社会・経済を分析した『文明の衝突』で「中華文明」について、基本的にこれを「儒教文明」としている。

支那においてはこの「御霊信仰」は存在しない。死んで「神」になる、ということも儒教にはない。よく引かれる言葉で、孔子の『論語』の《怪力乱神を語らず》（述而篇）が指摘されている。この言葉は、怪しげな背後に隠されている神秘的、非合理的な世界、つまり人智を越えた力のことは一切語らない、という儒教の原則である。死者の霊魂が死者自身と異なるものであるとは考えない。お盆や命日というのは、儒教にも存在するものであるが、支那では、それらの日に死んだ人々が降霊し、この世に戻ってくる、という。しかしそれらの死者はあくまでも人間としての死者であり、この世での再生の機会を待っているものなのである。

死刑に処せられたA級戦犯の罪を許さないという態度は、敵であれば、生前の罪は死んでも許さないということである。かつて、中国では、父と兄を殺された政治家が、二〇年の後、その殺人者の陣に攻め入ってその復讐を遂げようとしたが、既に死んでいたので、墓から引きずりだして鞭打ち三〇〇回を行ったという。これは司馬遷の『史記』伍子胥伝に書かれており、そこから出た《死者に鞭打つ》という言葉がよく知られている。『史記』の昔から、現代まで二〇〇〇年以上も連綿として続いている「支那」的態度と見てよい。

この儒教が、支那人の基本的な「共同宗教」であることは明らかであろう。これ自体、個々人の心に入ってくる宗教ではなく、共同社会や家族の道徳を語るのである。日本人も儒教のこの部分を「十七条憲法」以来、取り入れたとはいえ、それは日本の「共同宗教」の一部分にすぎない。

このような現代支那指導者の「靖国神社」への態度には、まさに彼らの「共同宗教」であるその儒教を根底的として出たもので、歴史認識の問題は、表面的なものにすぎないことが分かる。彼らの靖国神社に対する無理解はその意味で当然で、参拝をやるか、やらないかにかかわらず、日本の戦争を侵略戦争と見るかぎり、「靖国問題」への攻撃を止めることはしないだろう。日本の政治家は、彼らと対立する以外にはないのである。妥協することは日本を捨てることを意味せざるをえない。

「やまとごころ」の再興

私は日本の「宗教」について、それが西洋的な概念ではとらえることができない、ということを述べてきた。様々な要素の温情で、あたかも「宗教」の態を成していないように考えられてきた。それを私は「宗教心」と呼んだ。しかしそれだけでは明確ではない。そこに、祖先の「御霊信仰」を基礎に、天皇信仰、自然信仰など、総合的な宗教観を別の言葉で、概念化しなければならない、と考えている。その言葉とは、日本伝統の「やまとごころ」である。

序章で述べたように「やまと」の「と」は「人」である。これまで「と」は「処」とか「跡」「門」などと言われ、明確ではなかった。むろん「山」は、「高天原」であり、神々がおられるところである。そこの「人」である人間が、そこで思考し、感受することで、初めて「やまとごころ」が成り立つ。《しき島の　やまとごゝろを　人とはゞ　朝日にゝほふ　山ざくら花》という本居宣長の歌の「大和」の真の意味が、「山人」であるということが分かれば、いかに日本人の思想が、自然と結びつき、また神としての「山」、そして三輪山が意味する「天皇」への信仰と結びつくか、を理解することができるはずである。

日本人にとっては、山そのものが神の住む世界であり、そして先祖が息づいている世界である。そのことを日本人の「宗教心」、すなわち「やまとごころ」と呼ぶのがふさわしいであろう。いずれにせよ、「やまとごころ」は、神を規定し教典をつくる「宗教」という概念を超えた、日本人の精神のありかたを示しているのだ。

初出一覧

序　章　日本人の「やまとごころ」（原題：「やまとごころ」とは何か）『新日本学』平成十八年第二十三号
第一章　原初神道としての縄文文化　『新日本学』平成十八年秋季刊2
第二章　日本の神話をどう理解するか（原題：天照大神と須佐之男命）『新日本学』平成十九年秋季刊6
第三章　巨大な天皇陵の時代（原題：神武天皇の復興）『新日本学』平成十九年冬季刊7
第四章　「神道」としての古墳文化　『新日本学』平成十八年冬季刊3
第五章　聖徳太子の思想（原題：聖徳太子と神道）『新日本学』平成十九年春季刊4
第六章　聖徳太子と霊魂の発生　『新日本学』平成二十一年冬号
第七章　天武天皇と現人神神話の誕生（原題：「皇は神にしませば」の意味）『新日本学』平成十九年春季刊5
第八章　古き時代日本の文化力・通商力（原題：遣日使の方が多かった）『季刊日本文化』平成十七年第二十一号

第九章　唐文化は「中国」文化ではない（原題：唐文化はインド・ペルシャ系である）『季刊日本文化』平成十七年第二十二号
第十章「海行かば」の思想（原題：「海ゆかば」の思想）『季刊日本文化』平成十八年第二十四号
終　章　日本人の「宗教」とは何か『新日本学』平成十八年夏季刊1

あとがき

日本には昨今、復古精神の動きが湧きあがっているようだ。神社・仏寺への参拝や祭りが見直され、新年の初詣は一億人近くとなり、今年は戦後最高を記録したという。伊勢神宮の参拝客も増え、マスコミでも神社仏閣への紀行物がはやり、骨董品の古さ、良さを認定する「何でも鑑定団」が出る番組が人気になっている。世界遺産が尊ばれ、地方の活性化のために、古い文化を誇ることに情熱が注がれている。それは日本だけでなく、全世界的な広がりを見せているようだ。「左翼」マスメディアは余り注目していないから、静かなブームといったところである。それはしかし単なる復古ではなく、二〇世紀という時期の虚構イデオロギー体験をした後の現代人からの動きであって、決して浮ついたものではないのだ。

二〇〇一年の九・一一テロに象徴されるように、二一世紀は宗教の対立を根底に持つ事件から始まった。二十世紀のようにイデオロギー対立の時代ではなくなったのだ。社会主義国が崩壊し、すでに未来の社会への甘い希望は失われた。社会主義の実験が、ドイツのナチズム以上の、おぞましいスターリニズムや毛沢東独裁主義でしかなかったことを、まざまざと世界の人々に見せつけたからである。そのおぞましさを意図的に無視しようとする知識人、学界人が、その老朽化したイデオロギーにしがみついているに過ぎない。イデオロギー対立を専門にしていた論壇雑誌は相次いで廃刊となった。それを鮮明にする新聞もメディアも凋落が激しい。自民党も民主党も対立色を出さなくなった。歴史をイデオロギーで見る習慣が出来、「明るい未来」「暗黒の過去」とする固定観念が、決して現実的なものではないと認識されるようになったのである。平明に過去を見つめ、すばらしい文化を生んだ過去が、現代へつらなる連続性をもつものだ、と人々は認識するようになったのである。

この本の題名、『「やまとごころ」とは何か』などという言葉から、そうした知識人から、またぞろ非難を受けかねないだろう。また狭いタコ壺に依拠する学界人からは無視する以外にない、と思われるに違いない。しかし現在は既成の理論でも枠組みでも世界は見えなくなっているのである。歴史の中の生活者の感性といったものは、言葉ではなく、その経験や形で、また長い歴史の記憶といったものから作られるようになっている。それは決してナショナリスムの復興といった手垢のついた、ある種のイデオロギーからの批判出来るものではない。人々の常識への回帰と言ってもよい動きなのである。

「こころ」MINDというものは、日本人にとって宗教の上位に位置する総合的なものであり、単に神仏融合の精神以上のものであるのだ。無理なイデオロギーの時代が終焉した今、宗教しか残っていないとはいえ、それを支えるのもそれぞれの環境の中の生活者の「こころ」であり常識なのである。これまで宗教か無宗教か、イデオロギーか反イデオロギーか、で不毛な対立を生んできた。しかし人は宗教だけでもイデオロギーだけでも生きられないことはこれまでの体験で人々は知っている。それは古き時代から同様なもので、歴史の中の生活者の「こころ」がそれを知っているのである。宗教と常識は決して矛盾するものではないのだ。歴史をよく見れば、いつの時代にもファナティシズムは長続きしない。

平静な「こころ」が宗教を支える生活者の基本であったのだ。

私はこの書で、日本人の「こころ」の源泉を、古き時代の深層に求めた。古き時代は今日という新しい時代の連続性の上に立っているからである。これらを書くにあたって、過去の多くの研究、考察を参照させていただいた。文献は本文の中でそのつど書き入れたが、思わぬ遺漏があるとも限らない。その際はご容赦願いたい。

こうした論考を最初に発表出来たのは、井尻千男氏が編集する『季刊日本文化』『新日本学』（拓殖大学日本研究所発行）においてであった。この雑誌と同研究所主催の公開講座を主催された井尻氏の御寛容に深く感謝したい。また遠藤浩一氏ら編集の皆さんに深く感謝する。また出版を引き受けられたミネルヴァ書房社長の杉田啓三氏、編集部の田引勝二氏の労に厚くお礼を申し上げたい。

平成二十二年六月

田中英道

人名索引

あ　行

か　行

さ　行

た　行

な　行

は　行

ま　行

や　行

ら・わ行

事項索引

あ 行

か 行

さ　行

た 行

な 行

は　行

ま　行

や　行

ら・わ行

《著者紹介》

田中英道（たなか・ひでみち）

1942年　東京都生まれ。
1963年　東京大学文学部仏文学科卒業。
1965年　東京大学文学部美術史学科卒業。
1969年　ストラスブール大学 Ph. D.
ローマ大学客員教授，ボローニャ大学客員教授，
国際教養大学特任教授，国際美術史学会副会長を歴任。
東北大学名誉教授。2025年逝去。

著　書　『レオナルド・ダ・ヴィンチ』新潮社，1978年。（講談社学術文庫所収）
『ミケランジェロ』講談社，1979年。（講談社学術文庫所収）
『ルネッサンス像の転換』講談社，1981年。
『画家と自画像』日本経済新聞社，1983年。（講談社学術文庫所収）
『光は東方より』河出書房新社，1986年。
『イタリア美術史』岩崎美術社，1990年。
『支倉六右衛門と西欧使節』丸善ライブラリー，1993年。
『日本美術全史』講談社，1995年。
『天平のミケランジェロ』弓立社，1995年。
『国民の芸術』産経新聞社，2002年。
『新しい日本史観の確立』文芸館，2006年。
『支倉常長』ミネルヴァ書房，2007年，他多数。

MINERVA 歴史・文化ライブラリー⑭

「やまとごころ」とは何か
——日本文化の探層——

2010年８月10日　初版第１刷発行　〈検印廃止〉
2025年７月５日　初版第３刷発行

定価はカバーに
表示しています

著　者　田中英道
発行者　杉田啓三
印刷者　坂本喜杏

発行所　株式会社　ミネルヴァ書房
〒607-8494　京都市山科区日ノ岡堤谷町１
電話代表（075）581-5191番
振替口座　01020-0-8076番

冨山房インターナショナル・新生製本

ISBN 978-4-623-05429-9
Printed in Japan